Beiträge „mystischer" Traditionen
in den Weltreligionen zu einer ganzheitsorientierten
Spiritualität der Gegenwart

Festschrift im Rahmen des 60-jährigen Bestehens
der Evangelischen Stadtakademie Bochum
2013

Herausgegeben von
Arno Lohmann

Evangelische Perspektiven
Schriftenreihe der Evangelischen Kirche in Bochum

In der Schriftenreihe sind bisher acht Hefte erschienen.
Erschienen in 2016:

Heft 7:
Die Illusion vom Krieg.
Der Erste Weltkrieg als kulturgeschichtlicher Umbruch
Arno Lohmann (Hg.)
1. Auflage Oktober 2016
ISBN 9783741292118

Heft 8:
Günter Brakelmann
Vorträge zu „Luther als Mensch" in der Stiepeler Dorfkirche
Stiepeler Lektionen II
1. Auflage September 2016
ISBN 9783741295669

Heft 9:
**Beiträge „mystischer" Traditionen in den Weltreligionen
zu einer ganzheitsorientierten Spiritualität der Gegenwart**
Festschrift im Rahmen des 60-jährigen Bestehens
der Evangelischen Stadtakademie Bochum 2013

Herausgegeben von Arno Lohmann

Evangelische Kirche in Bochum
Westring 26a, D-44787 Bochum
Telefon 0234 - 962 904-0
http://www.kirchenkreis-bochum.de

Das vorliegende Heft ist zu beziehen bei:
Evangelische Stadtakademie Bochum
Westring 26a, D-44787 Bochum
Telefon 0234-962904-661
office@stadtakademie.de
http://www.stadtakademie.de

Titelbild: Pentagon, oben: „Allah", Symbol für den Islam
Mitte rechts: Kreuz, Symbol für das Christentum
unten rechts: Davidstern, Symbol für das Judentum
unten links: Mantra-Silbe „Om", Symbol für den Hinduismus
Mitte links: „Dharma", achtspeichiges Rad der Wahrheitslehre, Symbol für den Buddhismus

Beiträge „mystischer" Traditionen in den Weltreligionen zu einer ganzheitsorientierten Spiritualität der Gegenwart

Festschrift im Rahmen des 60-jährigen Bestehens der Evangelischen Stadtakademie Bochum
2013

Herausgegeben von
Arno Lohmann

Bibliografische Information der Deutschen Bibliothek:
Die Deutsche Bibliothek verzeichnet diese Publikation in der Deutschen Nationalbibliografie;
detaillierte bibliografische Daten sind im Internet unter www.dnb.de abrufbar.

2. Auflage Juni 2017
© beim Herausgeber
Redaktion: Michael Colsman, Arno Lohmann
Umschlag/Satz: Q3 design, Dortmund

ISBN 9783743134416

Herstellung und Verlag:
BoD – Books on Demand
In de Tarpen 42
D-22848 Norderstedt
Telefon (+49) 0 40 - 53 43 35 - 0
Telefax (+49) 0 40 - 53 43 35 - 84
Web: www.bod.de
e-Mail: info@bod.de

Inhalt

Vorwort — 7
Arno Lohmann

Einführung — 11
Michael Colsman

Zu den begleitenden meditativen Körper- und Atemübungen — 25
Johannes Soth

Integrative Impulse mystischer Traditionen im Judentum
(Kabbala und Chassidismus) — 29
Elke Morlok

„Nimm dich nach dem, was du in Gott bist."
Zur intellektuellen Mystik Meister Eckharts — 49
Udo Kern

Mystik im Hinduismus — 72
Michael von Brück

Ganzheitsbezogene Aspekte des Buddhismus
unter besonderer Berücksichtigung des Tantrismus — 99
Armin Gottmann und Michael Colsman

Der Sufismus in der islamischen Kultur
und seine Herausforderung für die Moderne — 122
Shaikh-ul-Mashaikh Mahmud Khan Youskine

Anhang
Das integrative kulturanthropologische Modell Jean Gebsers — 134
Michael Colsman

Anmerkungen — 145

Dank dem Ganzen

Wind, durchatmest Hain und Fluren,
sanft summst du dein holdes Lied,
mild wärmt der Sonne Strahl,
Schritte folgen Spuren
neuer Erde, mütterlich Gebiet.

Geht der Blick hinaus ins Weite,
verliert sich Ich im großen Du,
sehnt das Herz sich
nach dem Einen,
findet's tief im Inneren Ruh.

Dank dem Ganzen,
das uns schimmert,
ob in Leid, in irdisch Glück,
soll der Mensch dahin sich wandeln,
bis er selber göttliches Geschick.

anonym

Vorwort

Im Jahr 2013 beging die Evangelische Stadtakademie Bochum ihren sechzigsten Geburtstag. Mit ihrer Gründung im Jahr 1953 zählt sie zu den ältesten Evangelischen Stadtakademien in Deutschland. Zum damaligen Jubiläumsprogramm gehörte auch ein Symposion über die „mystischen" Traditionen im Judentum, im Christentum, dem Islam und dem Buddhismus.[1] Ein Wochenende lang fragten ausgewiesene Vertreterinnen und Vertreter aus den Weltreligionen nach dem Gemeinsamen in den „mystischen" Traditionen ihrer Religion für eine „ganzheitsorientierten Spiritualität der Gegenwart[2]".

In früheren Zeiten neigten besonders die sich auf Offenbarung gründenden Religionen dazu, zentrale Aspekte des Spirituellen in die Randständigkeit zu verbannen. Besonders in der Moderne duldete man sie nur unter Etiketten, wie „Mystik". Andere religiöse Traditionen, wie der frühe Buddhismus, kannten dagegen keinen Gegensatz zwischen öffentlicher Lehre und Ebenen subtiler Erfahrung bzw. religiöser Verwirklichung.

Drei Jahre später veröffentlichen wir hier eine Auswahl der Beiträge dieses Symposions, die bis heute nichts an Gültigkeit und Aktualität verloren haben. Neben einen Beitrag aus Kabbala und Chassidismus, der mystischen Traditionen des Judentums, von Elke Morlock, tritt aus dem Christentum der von Udo Kern gehaltene Vortrag zur intellektuellen Mystik Meister Eckharts; neben eine zusammenfassende Darstellung ganzheitsbezogener Aspekte des Buddhismus unter Berücksichtigung des Tantrismus von Armin Gottmann und Michael Colsman treten Aspekte aus dem Sufismus der islamischen Kultur mit ihrer Herausforderung für die Moderne von Shaikh-ul-Mashaikh Mahmud Khan Youskine. Ein Gastbeitrag zur Mystik im Hinduismus von Michael von Brück konnte ergänzend in diese Dokumentation aufgenommen werden.

---

[1] Ein weiterer Beitrag zum Vergleich mit der Tradition antiker Mysterien kann hier leider nicht erscheinen.
[2] Zum Begriff der Ganzheit siehe: Michael Colsman in der folgenden Einleitung, S. 9ff.

Der Aufsatzsammlung vorangestellt wurden die Erläuterungen zu den begleitenden meditativen Körper- und Atemübungen des Wochenendes von Johanns Soth; eine ausführliche Darstellung des integrativen kulturanthropologischen Modells Jean Gebsers von Michael Colsman schließt die Aufsatzsammlung ab.

Das Vertrauen auf unverfügbare und rational nicht gänzlich zugängliche Kräfte ist eine zentrale Dimensionen von Spiritualität, in der sich „mystische" Traditionen trotz aller theologischen und historischen Differenzen begegnen. Dabei unterscheiden sich mystische Traditionen und die auf ihnen basierende spirituelle Praxis von esoterischen Angeboten vor allem durch den Respekt vor der Unverfügbarkeit der Erfahrung. Denn auf dem Esoterik-Markt wird – jenseits des ursprünglichen Wortsinnes und ihrer philosophiegeschichtlichen Bedeutung – mit (Heils-)Versprechungen aller Art gearbeitet. Spiritualität dagegen setzt sich der prinzipiellen Offenheit, dem Verzicht auf das Herstellen, Machen und Kontrollieren aus. Absichtslose Präsenz, das „Sakrament des Augenblicks", und zwar des umfassenden, nicht bloß intuitiven, wie es – schon bei Platon anklingend – Jean P. Caussade andeutet, kann zwar das Bewusstsein erweitern, die Einstellung zum Leben verändern, die Erfahrung des Aufgefangen- oder Getragen-Seins eröffnen – aber: Sie kann nichts davon erzeugen.[3] Spiritualität ist am ehesten im Sinne eines „Habitus" der Aufmerksamkeit und Präsenz im Hier und Jetzt zu verstehen. Empirische und symbolische Wirklichkeit werden nicht als Gegensatz, sondern als komplementär begriffen, es geht darum, die Welt ... mit allen Sinnen wahrzunehmen und dieser Sinnlichkeit, auch der sittlichen Wahl, eine Bedeutung beizumessen.

Hier berühren sich Spiritualität und Mystik. Beide sind in ihrem Grunde nicht Weltflucht, sondern umfassendes Da-Sein im Alltag. Dabei meint „Alltag" auch die professionelle Praxis und die kritische

---

[3] Hildegard Mogge-Grotjahn: „Man lässt sich fallen, und man fängt sich auf". Affinitäten soziologischer Lehre zu spirituellen Dimensionen Sozialer Arbeit, in: Bernd Beuscher, Hildegard Mogge-Grotjahn: Spiritualität interdisziplinär. Entdeckungen im Kontext von Bildung, Sozialer Arbeit und Diakonie, 2014

Auseinandersetzung mit dem Ist-Zustand der Welt: „Die Freiheit dazu haben die Mystikerinnen und Mystiker erhalten durch ihre Bereitschaft, sich selbst, auch in radikaler Weise, neuen Erfahrungen auszuliefern und in Frage zu stellen"[4].

Unser heutiger Begriff „Mystik" wurde in dieser substantivischen Form erst spät, seit dem 17. Jh. so genannt. Dabei darf nicht übersehen werden, dass das seit dem Altertum gebrauchte Wort *mystikos* (Griech.) oder *mysticus* (Lat.) ein Adjektiv ist, es also immer einem Nomen, um das es in Wahrheit geht, nur beigefügt ist. Wenn z.B. eine Schrift von Pseudo–Dionysios, dem Areopagiten, aus dem 6. Jh. *Peri mystikes theologias* oder *De mystica theologia* heißt, dann geht es hier um eine besondere Art der Theologie im Gegensatz zu einer anderen, aber es geht noch nicht um „Mystik". Denn „Mystik" macht aus der Beifügung zu einem über den Sinn von sich her entscheidenden Nomen eine Sache eigenen Rechts, eigener Behauptung, eigener (vielleicht schon ideologisch motivierter) Agenda. Zum Vergleich: Angenommen, der Titel *De mystica theologia* lasse sich übersetzen mit *Von der geheimen Theologie*, dann wäre es etwas ganz Anderes, wollte jemand plötzlich von einer eigenen „Geheimnik" sprechen, die in dem Adjektiv „geheim" wurzelt. Es hat guten geschichtlichen Sinn, dass dem Adjektiv *mysticus* bis ins 17. Jahrhundert erst gar kein derartiges Nomen wie „Mystik" zur Seite gestellt war. Umso erstaunlicher ist es, wenn es gerade in diesem Jahrhundert doch plötzlich erscheint.

In dem Symposium wurde deshalb danach gefragt, was diese Neuerung bedeutet – und, statt nach einer Definition des Begriffes „Mystik" zu suchen, die „mystischen" Traditionen in den Weltreligionen dahingehend tiefer zu befragen, welche Bedeutung und welche Schätze angesichts der Krise von Religion und Kirchen im Abendland im Blick auf eine ganzheitsorientierte Spiritualität ins Gespräch zu bringen vermögen.

---

[4] Fritsch-Oppermann, Sybille (2004): Interview in einer Rundfunksendung von Friedrich Grotjahn: Träumende und Propheten. Mystiker des 20. Jahrhunderts, Sendereihe „Lebenszeichen" des Westdeutschen Rundfunks, ausgestrahlt am 14. November 2004

Für den interreligiösen Dialog und das fragiler gewordene Miteinander in unserer heutigen multikulturellen Gesellschaft versteht die Evangelische Stadtakademie diese Veröffentlichung drei Jahre nach dem Symposium als einen aktuellen Beitrag.

Allen Referentinnen und Referenten der Tagung und den Autoren dieses Heftes gehört großer Dank, ganz besonders Dipl. Psychologe Dr. Michael Colsman. Er gab die entscheidende Anregung zu dieser Tagung, war maßgeblich beteiligt bei der Auswahl der Referentinnen und Referenten und bei der Tagungsorganisation. Er übernahm die redaktionelle Arbeit dieser Dokumentation und hat nicht zuletzt beharrlich auf deren Veröffentlichung gedrungen.
Zeitgleich mit dem Symposium konnte er die Vollendung der selben Lebensjahre feiern wie auch die Stadtakademie. Ihm gehören damals wie heute unsere Glück- und Segenswünsche.

Bochum, im Dezember 2016

Arno Lohmann

Einführung

Michael Colsman

Zusammenfassung: „Ganzheitsorientierung" klingt bei vielen bedeutenden neuzeitlichen Denkern (z.B. Jean Gebser, Teilhard de Chardin, Sri Aurobindo) als Leitthema eines neuen Kulturansatzes an. Denn bei allen Errungenschaften, die die hochrationalisierte Informations- und Konsumgesellschaft auszeichnet, sind doch deren desintegrative und destruktive Seiten heute deutlicher denn je. Der einführende Vortrag gibt einen Überblick über einige wesentliche Aspekte eines solchen alternativen Denk- und Bewusstseinshorizontes. Dem Thema der Festschrift entsprechend bezieht er sich dabei besonders auf Beiträge, die „mystische" Traditionen in den Weltreligionen zu einer modernen ganzheitsorientierten Spiritualität leisten können.

Zur Person: Dr. phil. Michael Colsman, (Bochum), M.A. (Tibetologie, Indologie; Philosophie), Dipl.-Psych., ist niedergelassener Psychotherapeut und arbeitet v.a. zu den Bereichen: „Bewusstsein", ganzheitsorientierte Lebens- und Denkmodelle, Ethik, Buddhismuskunde, interreligiöser Dialog. Entsprechend schrieb er seine Promotion zum Thema „Bewusstsein, konzentrative Meditation und ganzheitsorientiertes Menschenbild". Er war Organisator des Symposiums und ist haupsächlicher Herausgeber der vorliegenden Festschrift.

Das Thema der Festschrift lautet:
Beiträge „mystischer" Traditionen in den Weltreligionen zu einer ganzheitsorientierten Spiritualität der Gegenwart. Es steht also unter dem Leitgedanken einer „ganzheitsorientierten Spiritualität".

Das Wort „Ganzheit" wurde z.T. vor und dann in der Zeit des Nationalsozialismus im Rahmen eines Totalitarismus missbraucht, um etwa den Herrschaftsanspruch des Staates, einer Nation oder Rasse zu verabsolutieren. Deshalb behauptete Theodor W. Adorno[1] sogar – einen

Satz des Idealismus Hegels[2] ins Gegenteil verkehrend – , dass das Ganze das Unwahre sei. Ähnlich neigen postmoderne Denker, wie der verstorbene französische Philosoph Jacques Derrida[3], dem anderen Extrem zu, jegliche Bezogenheit auf ein Ganzes dekonstruieren, ja auflösen zu wollen.

Abgesehen von einer solchen Tabuisierung der Vorstellung einer umfassenderen Einheit werden Kennzeichnungen, wie „ganzheitlich", in unserer Zeit manchmal nur als werbewirksame Schlagwörter gebraucht. Selbst der entsprechende Begriff des „Integralen" läuft infolge popularphilosophischer Verwendung Gefahr, an Gehalt zu verlieren.

Das Nachdenken über ein „Ganzes" und seine Teile – verwandt mit dem über das „Eine" und Viele – hat indessen eine lange Tradition, die bis in die Antike reicht.[4] In der Neuzeit haben sich am Ganzen orientierte Sichtweisen in Philosophie, Religion, Kunst und Wissenschaft sehr differenziert entwickelt. Sie alle verbindet das Anliegen, dass – zumal in unserer heutigen von innerer und äußerer Zerrissenheit geprägten Informations- und Konsumgesellschaft – die integrative Seite gegenüber der analytisch zerlegenden mehr Gewicht haben sollte.[5]

Um aber einer ideologisierenden Interpretation vorzubeugen, die den in dem Wort „Ganzheit" notwendig mitenthaltenen Aspekt einer gewissen Geschlossenheit mit einer statischen Totalität gleichsetzt, verwende ich im Zusammenhang mit dem Festschriftleitgedanken meist die relativ dynamisch-offene Bezeichnung „Ganzheitsorientierung". Damit soll der notwendig unabschließbare dialektische Wegcharakter der menschlichen Spiritualität unterstrichen werden.

In der abendländischen Geistesgeschichte wird dieser dialektische Charakter des ganzheitsorientierten Denkens besonders deutlich auf dem Hintergrund zweier großer, zueinander in Spannung stehender Entwicklungen im Verständnis der Natur und des Menschen: Die eine geht mehr von elementaren Teilen aus, die andere von einem organisch gegliederten Ganzen.[6]

Die primär am Partiellen, Besonderen, orientierte Betrachtung findet sich ansatzweise schon im frühen archaischen und magischen Denken,

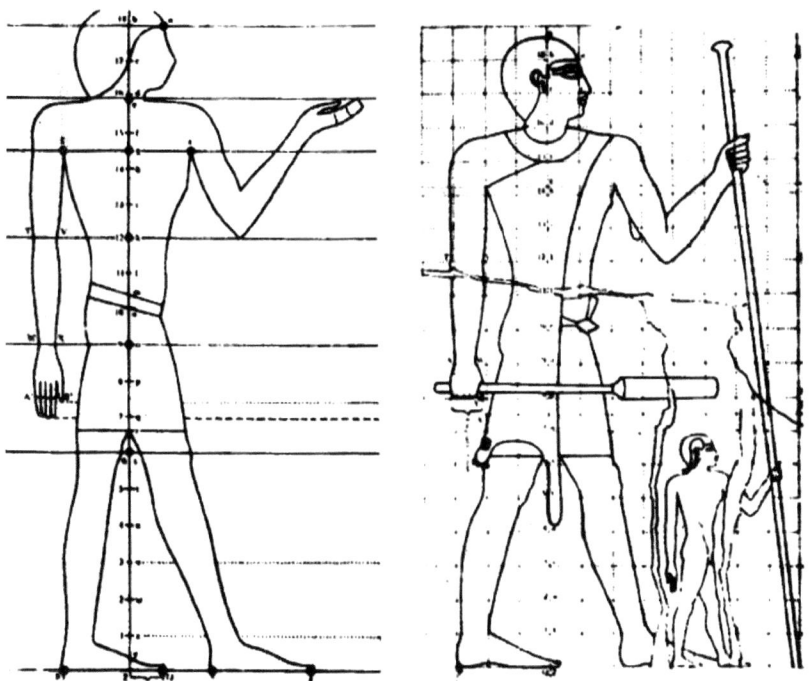

Abb. 1a u. b: *Ägyptische Proportionsfiguren mit Angabe des Achsenkreuzes (Zeit des Alten Reiches) und Gitternetzes (Zeit des Neuen Reiches), auf deren Grundlage die Figur aufgebaut wurde. Aus: Bammes 2000/2001, Abb. 35, S. 43*

in dem ein Teil für das Ganze eintritt, z.B. eine Handvoll Erde für das ganze Feld.[7] Der Mensch kann ein größeres Ganzes ineins mit der Struktur und den Beziehungen seiner Teile noch nicht gestalthaft vergegenwärtigen bzw. wiedergeben. Ich gebe ein Beispiel:

Die Ägypter bauten ihre Figuren auf einem streng vorgeschriebenen Kanon auf, der sich, im Gegensatz zur griechischen Klassik, nicht auf organische Messpunkte stützte. Die objektive Figurengröße ging hervor aus der Vervielfachung eines Grundmaßes, wie z.B. der Entfernung Fußsohle – Knöchel. (s. Abb. 1a u. b)

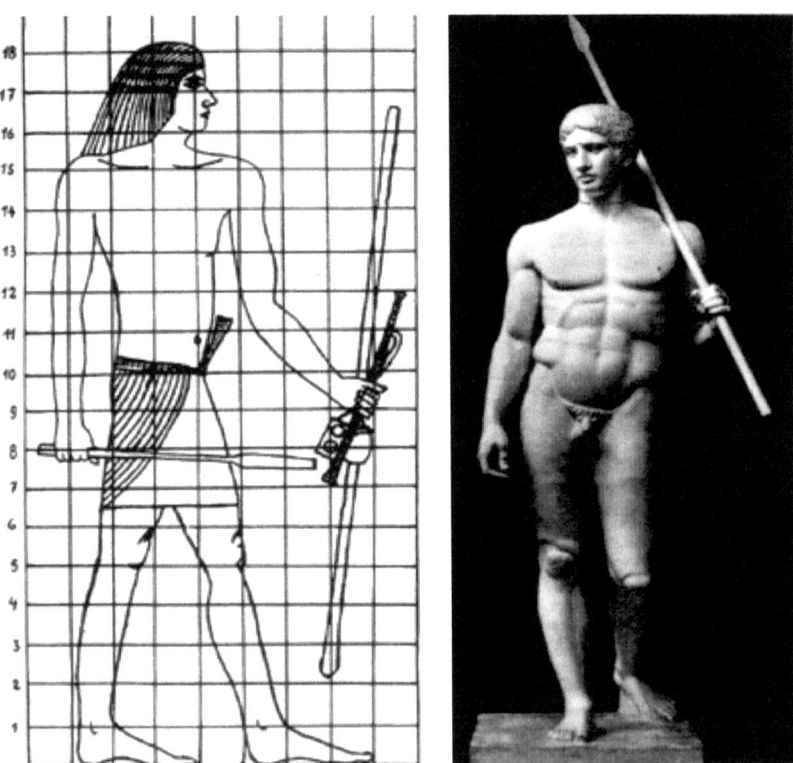

Abb. 2a u. b: Ägyptische Proportionsfigur mit Gitternetz und Polyklets Speerträger (5. Jh. v. Chr. Aus: Bammes 1982, S. 86)

Aus einer derartig starren Festlegung der Körperproportionen konnten auch die Abstände der Gitterquadrate gewonnen und eine Vielzahl von Messpunkten festgelegt werden (sog. Additiv- oder Summativverfahren). Die griechische Skulptur ist indessen für die Entwicklung der Proportionslehre insofern von großer Bedeutung als ihr Aufbau – im Gegensatz zur ägyptischen Methode – vom Körper als einem organischen Ganzen ausgeht und ähnliche oder gleiche Messstrecken gesucht wurden (sog. Simultan-/Analogieverfahren). (s. Abb. 2a u. b)

In der Neuzeit neigt in anderer Weise das mechanistische System-Denken und technische Herstellen dazu, das Biologische, Psychische und Geistige auf materiell greifbare anorganische Elemente oder physikalische Prozesse zu reduzieren und als bloß additiv oder assoziativ zusammengestückelt zu verstehen.

Positiv betrachtet, haben die reduktionistisch vorgehenden empiristisch-funktionalistischen Wissenschaften und die entsprechende auf nahezu unbeschränkte Machbarkeit gestellte Technik zu erheblichen Arbeitserleichterungen und Freiheitsspielräumen geführt. Sie ermöglichen es, dass in den demokratisierten Industrienationen die vitalen Bedürfnisse der in den letzten Jahrhunderten explosionsartig gestiegenen Bevölkerungsmassen mehr oder weniger befriedigt werden konnten.

Negativ gesehen, führt die einseitig reduktive Orientierung an Teilen zu einer Spaltung und Nivellierung des Menschen. Nicht selten ist er nur noch ein Funktionär in einem unpersönlichen Apparat gesellschaftlicher Produktion. Der unausweichliche Leistungsdruck ökonomisch eigenläufiger Prozesse trägt dazu bei, dass wesentliche Aspekte seiner Person aus dem Blick geraten. Vor allem in den Großstädten bewegt sich das Dasein zwischen den Extremen eines aufreibenden, gehetzten Berufslebens sowie einer ebenso innerlich unerfüllt lassenden Vergnügensorientierung und Zerstreuung. Im Sozialen schwinden die von wirklicher persönlicher Verantwortung getragenen Beziehungen und Gemeinschaften. Eine gewisse Monopolisierung des sich als wertfrei missverstehenden empiristisch-funktionalistischen Wissenschaftsansatzes führt heute an den Hochschulen dazu, dass die Geisteswissenschaften sowie die Philosophie und Religion in ihrer grundlegenden Bedeutung für die Kultur nicht mehr erkannt und angemessen geschätzt werden. So reduziert sich leicht die volle Wertordnung, wie sie noch 1926 der Philosoph und Soziologe Max Scheler aufgewiesen hatte, auf elementare Zweckwerte:

Die Wertordnung[8]

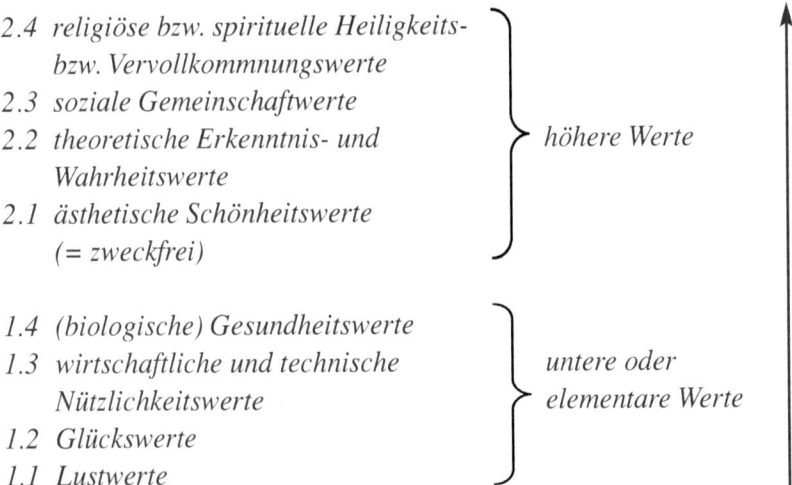

Die höheren Werte des Schönen, der Wahrheit, der Gemeinschaft und Vervollkommnung geraten aus dem Blick, es dreht sich alles um Spaß, vordergründiges Glück, wirtschaftlichen Gewinn und Gesundheit, wobei diese Elementarwerte ihrer sinnvollen Rangordnung nach auch noch verkehrt werden können.

All solche Faktoren begünstigen den Anstieg körperlicher und psychischer Zivilisationskrankheiten. In globaler Hinsicht beschwört die rasante Technisierung und Ökonomisierung das Schreckensszenario einer irreversiblen Schädigung oder gar Zerstörung der Umwelt herauf.

Die andere, eher von einem organisch gegliederten lebendigen Ganzen ausgehende Betrachtungsweise findet man z.B. in mythischen Vorstellungen einer Weltseele, im naturmagischen Denken der Renaissance etwa bei Giordano Bruno[9], in der Lehre von monadisch gestuften Einheiten bei Leibniz[10] sowie in der Naturphilosophie des deutschen Idealismus und der Romantik[11]. In der Moderne gehören hierzu z.B. Ökosystem-Vorstellungen.

Positiv betrachtet, begünstigt eine am Vorbild des lebendigen Organismus orientierte ganzheitliche Sicht ein Dasein im Einklang mit den biologischen und sozialen Seiten des Menschen. Doch kann auch einer derartigen Ausrichtung das Bewusstsein höherer Werte abhanden kommen. Die defiziente Wertorientierung äußert sich dann z.B. in einem naiven Zurück zur Natur oder in sozialromantischen nationalistischen Ideologien.

In Anbetracht der angedeuteten Unzulänglichkeiten eines bloß mechanistischen oder organizistisch-vitalistischen Naturverständnisses prägte 1926 der südafrikanische Staatsmann und Philosoph Jan Christiaan Smuts[12] für ein umfassenderes ganzheitliches Denken die Bezeichnung „Holismus". Sie besagt, dass „alle Daseinsformen danach streben, Ganze zu sein ... Das neue Ganze enthält [...] ältere Ganze, aber es ist selbst neu und es geht über den Stoff oder die Teile, auf die es sich gründet, hinaus." Es taucht nach Art der „Emergenz" allmählich auf. Das „höchste konkrete Ganze" ist die menschliche Persönlichkeit, die sich in jeweils umfassenderen sozialen Einheiten von der Freundschaft bis hin zum Staat und zur Menschheit verwirklicht. Von Smuts' maßgeblicher Beteiligung an der Entwicklung des Apartheid-Systems soll hier nicht die Rede sein.

Es ist im Rahmen dieses Vortrags nicht möglich, auf dergleichen umfassende holistische Ansätze einzugehen. Jedenfalls muss das entsprechende Denken und Forschen keineswegs weniger differenziert sein als bei einem reduktionistischen, rein empiristischen Paradigma. Es finden sich allerdings im Abendland oft soziobiologische holistische Modelle, die zum Teil noch problematische Verkürzungen in der Sicht des Menschen beinhalten. Deshalb ist es sinnvoll – wie etwa von dem indischen Denker Sri Aurobindo[13] in seinem integralen Yoga vertreten – ergänzend zur Theorie einer soziobiologischen „Evolution von unten" eine spirituelle „Evolution von innen und oben" zu fordern. Sie schließt Erweiterungen des Erfahrenshorizontes auf seelischer und geistiger Ebene ein. Auf höchster Stufe ermöglicht sie sogar eine über die mental-rationale Intelligenz hinausgehende spirituelle Verwirklichung und Handlungskompetenz. Insgesamt fördert sie langfristig einen grundlegenden integrativen Wandel des Bewusstseins, der in Anbetracht der globalen Krise der Menschheit heute und künftig unausweichlich zu sein scheint.

Ansätze hierzu gab es in der abendländischen Geistesgeschichte z.B. in der kontemplativen Philosophie und Mystik der Weltreligionen. Die Festschrift greift einige solcher Ansätze auf und bezieht sie auf die Frage, was sie zu einer ganzheitsorientierten Spiritualität in der Gegenwart beitragen können. Bevor ich auf diese Frage im Hinblick auf die Festschriftbeiträge kurz eingehe, ist zunächst die Bezeichnung „Mystik" zu klären:

In der Öffentlichkeit werden wohl viele Leser das Thema der Festschrift verständnislos mit einem müden Lächeln aufnehmen. Geht es bei „Mystik" nicht, wie man besonders im Positivismus und Materialismus des 19. und 20. Jahrhunderts oft meinte, um etwas Hinterweltlerisches bzw. Hinterwäldlerisches, um schwärmerische Ekstase, eine versponnene Gefühlsreligiosität oder sogar um Magie, Okkultes oder Esoterisches, die alle als subjektivistisch, unwissenschaftlich, unphilosophisch, ja als dekadent und krankhaft zu bezeichnen sind? Selbst in Kirchenkreisen kritisierte von protestantischer Seite etwa Karl Barth[14] die Mystik als Loslösung von der Außenwelt und Rückzug in den Innenraum; Friedrich Gogarten[15] vertritt die Ansicht, sie eile an Geschichte und Gemeinschaft vorbei.

Nun ist schon der Begriff „Mystik" selbst sehr problematisch und unklar. Abgeleitet ist das Wort aus dem altgriechischen Verb „myein", das „sich schließen", „verschließen", nämlich das Schließen der Lippen oder der Augen, bedeutet und auf die Mysterien und Geheimriten bezogen gebraucht wird. Daher meint das entsprechende Eigenschaftswort dann so viel wie „dunkel", „geheimnisvoll". Das Mittelalter, in dem im Abendland nach allgemeiner Ansicht der eigentliche Höhepunkt der Mystik zu suchen ist, verwendet paradoxer Weise die Ausdrücke „Mystik" bzw. „mystisch" nur selten.

Im 18. und 19. Jahrhundert werden diese Begriffe, etwa bei Kant, im Sinne eines verworren unvernünftigen Mystizismus und ähnlichem negativ beurteilt, in der Romantik dagegen aufgewertet. Auch im 20. Jahrhundert bleibt das Begriffsverständnis noch zwiespältig, wobei neben einer negativen eine durchaus positive Bedeutung zugestanden wird. Schon der Philosoph Hegel oder viel früher der Sache nach

Meister Eckhart hatten indessen keinen Widerspruch der Mystik zur Philosophie der Vernunft gesehen.

Worum geht es also in der „Mystik"? Sie zielt letztlich offenbar auf eine Erfahrung der übergegensätzlichen eínen Wirklichkeit, die den Menschen im Innersten, aber auch im Äußerlichsten in seinem bloß weltlichen Selbstverständnis erschüttern, verwandeln und vervollkommnen kann. Sie betrifft jedenfalls nicht nur etwas Innerliches, Subjektives oder bloß Gefühliges, noch ist sie einer äußerlich bleibenden Objektivierung hinreichend zugänglich. Das Sich-Abschließen vor der äußeren Sinnenwelt kann zwar, wie etwa bei der buddhistischen Versenkungsübung, ein Durchgangsstadium sein; jedoch ist es, was die volle Verwirklichung betrifft, nicht Selbstzweck. Ziel ist die Öffnung für ein befreites Bewusstsein, das die gesamte Wirklichkeit umfasst. Diese höchste umgreifende Wirklichkeit mag in Chiffren, wie der vom „großen Ganzen" anklingen; doch der moderne, in der Spaltung von Subjekt und Objekt befangene Mensch wird von solchen oder anderen mehr religiös formulierten Chiffren nicht mehr berührt, geschweige denn, dass er seine Weltanschauung oder seinen Glauben darauf bauen könnte. Vielfach wird deren Gehalt einfach als nicht-existent wegrationalisiert.

Der Weg zur Erfahrung oder Verwirklichung der Einheit mit dem letzten Unbedingten bzw. der Gottheit, wie es in mehr theistischer Sprache heißt, führt allerdings über höhere Stufen kontemplativer Sammlung, von denen her eine Ausweitung in das so genannte „Kosmische Bewusstsein"[16] möglich ist. Das nicht recht vorbereitete Eintreten in höhere Sammlungsstufen bzw. das Kosmische Bewusstsein kann jedoch problematisch und sogar gefährlich sein. Auch hat es innerhalb der langen abendländischen Geschichte der Mystik Unklarheiten und Missverständnisse diesbezüglich gegeben, welche höheren Erfahrungen oder Verwirklichungen noch als bedingte Zustände anzusehen sind und welche einer zeitweiligen oder beständigen Einung (Unio) mit dem höchsten Unbedingten entsprechen. Deshalb bleibt es eine wichtige Aufgabe, meditativ-kontemplativ veränderte Bewusstseinszustände und -stufen in Auseinandersetzung mit der Tradition der großen Meister genau zu unterscheiden und gründlich zu kennen. Trotz der reichen mystischen Tradition des Abendlandes[17] besteht m.E. hier weiterer Klärungsbedarf, wobei auch der Dialog mit außereuropäischen Traditionen, wie dem Buddhismus, förderlich ist. Das Erbe der Mystik kann so von seinen Zerrbildern befreit werden und dazu beitragen, dass der moderne Mensch erneut zu den tiefsten Wurzeln der umfassenden höchsten Wirklichkeit hinfindet und von dorther seine Spiritualität universeller entfaltet. Dies fördert auch eine neue Ehrfurcht vor der Natur, den Mitwesen sowie vor den kleinen Dingen des alltäglichen Lebens.

Ich komme nun zu einem kurzen Ausblick auf die Beiträge: Das festliche Symposium hatte am 22.11.2013 mit einer musikalischen Einstimmung begonnen. In der Musik ist das, was in der menschlichen Sprache und im Denken schon auseinanderfällt, noch beieinander. Im alten Instrument der Harfe ist diese Zusammenspannung der Gegensätze zu einer Einheit, zu einem Ganzen, auch noch besonders augenfällig. Der Musikerin, Frau Sonja Jahn, sei für ihren schönen Beitrag damals erneut gedankt.

Am Anfang der nächsten beiden Veranstaltungstage des Symposiums standen meditative Körper- und Atemübungen. Der auch von innen her erfahrene Leib ist bei allem heutigen Sinnlichkeits- und Körperkult das Stiefkind unserer intellektuell und technizistisch überfütterten Konsum- und Informationsgesellschaft. In der Mystik spielt indessen der Leib oft eine zentrale Rolle: So prägte der schwäbische Pietist Friedrich Christoph Oetinger[18] 1776 für den religiösen Bereich den Satz, dass Leiblichkeit das Ende der Wege Gottes […][19] sei. Und für den indischen Yogaphilosophen Sri Aurobindo bedeutete die Wandlung des Leibes höchste Vervollkommnung. Johannes Soth, der die meditativen Körper- und Atem-Übungen anleitete, bemüht sich engagiert seit Jahrzehnten, diesem Zweig ganzheitlich menschlicher Entfaltung in unserer Kultur, besonders in der Pädagogik, Anerkennung zu verschaffen.

Mit dem ersten Vortragsbeitrag konnten wir einen seltenen Einblick in die im Altertum streng geheim gehaltene Tradition der griechischen Mysterien gewinnen. Sie ist sicherlich ein wichtiger Teil der abendländischen mystischen Überlieferung. Doch kommt sie fast regelmäßig z.B. in den großen Werken zur Mystik zu kurz. Denn nur sehr wenige Forscher haben sich an dieses schwer zugängliche Thema gewagt.[20] Frau Dr. Christina Schefer aus der Schweiz, die sich lange und intensiv mit den Mysterien beschäftigt hat, war deshalb für ihren Beitrag besonders zu danken! Da ihr Beitrag allerdings ihrer Ansicht nach zum Zeitpunkt der Veröffentlichung dieser Festschrift noch nicht ausgereift war, soll er nur als Vortrag in der Audiothek der Homepage Evangelischen Stadtakademie Bochum zu hören sein.

(siehe: www.stadtakademie.de/mediathek.html, 23.11.2013)

Die jüdische Mystik[21] war von früh an ein mehr oder weniger verborgen bleibendes, befruchtendes Element des biblischen Denkens; aber sie hat z.B. auch die Philosophie und sogar die moderne Physik angeregt. In manchem dem Tantrismus ähnlich, muss man indessen bei ihr von abstrusen und magischen Auswüchsen absehen. Bei genauerer Kenntnis zeichnet sie sich jedoch durch eine Fülle subtiler und differenzierter Lehren, die man als esoterisch bezeichnen kann, ebenso aus, wie durch eine tiefe Menschlichkeit und Weltfrömmigkeit. Der Kabbala-Forscherin Frau Dr. Elke Morlok, die jetzt an den Hochschulen Tübingen und Mainz im Bereich Judaistik arbeitet, sei herzlich für ihren Beitrag gedankt.

Meister Eckhart, der bekanntlich bedeutendste deutsche Mystiker, verkörperte, was die Vielseitigkeit und Ausgewogenheit seiner Persönlichkeit betrifft, in hohem Maß das Ideal einer ganzheitsbezogenen Spiritualität. Denn er verband auf einzigartige Weise in seiner Persönlichkeit die Fähigkeiten des gelehrten kontemplativen Denkers, des großen Organisators und des einfühlsamen Seelsorgers. Bei aller Gelehrsamkeit wollte er mehr ein Lebe- als ein Lesemeister sein. In mancher Hinsicht, z.B. im Aufbrechen des mittelalterlichen hierarchischen Denkens, erscheint er sogar modern. Mit Professor Udo Kern aus Rostock konnte ein hervorragender Kenner sowie kraftvoller Interpret des großen Erfurter Mystikers gewonnen werden.

Die drei letzten Vorträge am Samstag greifen mehr nach Asien aus: Zur Mystik im Hinduismus gab es keinen Vortrag. Für die vorliegende

Publikation stellte jedoch Professor Michael von Brück, ein renommierter Kenner dieser vielschichtigen Tradition, einen Beitrag zur Verfügung. Er verbindet in seiner vielseitigen Persönlichkeit v.a. wissenschaftliche Forschung mit spiritueller kontemplativer Praxis und sozialem sowie künstlerischem Engagement.

Der Buddhismus wurde von dem Religionswissenschaftler Gustav Mensching[22] geradezu als eine „mystische Religion" gekennzeichnet. Doch ist diese Charakterisierung missverständlich; denn, wie im ersten Teil meines Einführungsvortrags bereits erwähnt, ging es dem Buddha durchaus vor allem um eine auf die Bewährung im Leben bezogene Spiritualität, nicht nur um weltabgewandte Versenkung. Später wird besonders im so genannten Großen Fahrzeug die liebemotivierte Zuwendung zu den Mitwesen betont. Und im buddhistischen Tantrismus rückt dann ganz ausdrücklich eine integrative Haltung ins Zentrum, die das Leben nicht verneinen, sondern es verwandelnd erfüllen will.

Dr. med. Armin Gottmann aus Berlin und der Herausgeber dieser Festschrift gehören zu einer Reihe von Forschern, die den Buddhismus im Dialog mit der abendländischen Kultur erschließen wollen.

Den Abendvortrag am Samstag hielt der beliebte Vortragsredner Shaik-Mashaik Mahmud Khan Youskine aus Den Haag. Er steht in einer langen Familientradition bedeutender Vertreter des Sufismus und hat sich vor allem mit dessen indischen Entwicklungen beschäftigt. In der westlichen Welt und besonders hier im Ruhrgebiet stellt der interreligiöse Dialog mit dem Islam heute eine wichtige Aufgabe dar. So gilt ihm besonderer Dank, dass er trotz seines hohen Alters der Einladung zu einem Vortrag gefolgt ist, der hier nun auch erscheinen kann.

Am Sonntagmorgen führte nach den meditativen Körper- und Atemübungen Professor Gottwald aus Oldenburg in das integrative Modell des Kulturanthropologen Jean Gebser[23] ein. Gebser gehört zu den bahnbrechenden ganzheitsorientierten Forschern der Moderne. Sein Modell von Entwicklungsepochen des menschlichen Bewusstseins kann in hohem Maß zur Klärung religiöser Phänomene sowie darüber hinaus zu einem neuen ganzheitlichen Verständnis von Religion („Praeligio") beitragen. Professor Gottwald hat sich besonders im deutschen Sprachraum für das Bekanntwerden des Gebserschen Werks eingesetzt. Er versucht, das integrative Denken Gebsers mit dem Zen-Weg zu verbinden, den er lange praktiziert. Da die Mystík in den fünf großen Weltreligionen bereits durch Beiträge vertreten war, bot es sich an, eine eher religionsneutrale Zusammenfassung im Anhang wiederzugeben; dennoch wurde der Originalbeitrag von Professor Gottwald mit Bezug zum Zen-Buddhismus als Hör- und Vortragstext in die Audiothek der Stadtakademie Bochum gestellt (s.: www.stadtakademie.de/mediathek.html, 23.11.2013) und einige Zitate von Gebser daraus am Ende des Anhangs zitiert.

Da es sich bei dem Symposium nicht bloß um eine intellektuelle Veranstaltung handelte und das Thema „Mystik" ohne Umsetzung in die Lebenswirklichkeit ein leeres Wort bleibt, fand am Sonntag eine gemeinsame Meditation über Beiträge der verschiedenen religiösen Traditionen zu Ritus und Kultus statt. In diesem sensiblen Bereich wird die schwierige Aufgabe eines interreligösen Verstehens besonders fühlbar. Last not least klang die Tagung mit einem Podiumsgespräch aus, bei dem die einzelnen Referenten unter Einbezug des Publikums in einen lebhaften „Polylog" eintreten konnten. In diesem Rahmen sollen auch die wesentlichen Ergebnisse des Symposiums zusammengefasst und eine Bilanz daraus für das Weitere gezogen werden.

Neben den Vorträgen verstand sich die Veranstaltung ebenfalls sonst als ein Forum für Begegnungen und den Austausch der Teilnehmer untereinander, wozu in den Pausen genug Zeit gegeben war.

Ich danke allen Mitwirkenden für das, was sie zum Gelingen des Symposiums beigetragen haben. Besonderer Dank gilt der Evangelischen Stadtakademie, deren Leiter Pfarrer Arno Lohmann und den Mitarbeitern, die trotz sich auftürmender Schwierigkeiten, wie die eines veheerenden Brands in den Veranstaltungsräumen, in großzügiger Weise das Zustandekommen der Tagung ermöglicht und gefördert haben. Besonderer Dank gilt schließlich auch Frau OStR Gisela Krey und der Lektorin Doris Kunzmann (beide Bochum) für das akribische Korrekturlesen des vorliegenden Büchleins.

Literatur

1. Allgemein (-verständlich, Auswahl älterer, noch aktueller Literatur):
- Enomiya-Lassalle, Hugo M.: Wohin geht der Mensch? Zürich: Benziger Verlag 1981.
- Jaspers, Karl: Die geistige Situation der Zeit. Berlin: Samml. Göschen Bd. 1000, 1931.
- Lersch, Philipp: Der Mensch in der Gegenwart. Ernst Reinhard Verlag: München, 1964.
- Spranger, Eduard: Weltfrömmigkeit. Leipzig: Leopold Klotz Verlag, 1941.

2. Speziell (wissenschaftlich; philosophisch):
- Bammes, Gottfried: Die Gestalt des Menschen. Ravensburg: Otto Meier Verlag, 1972.
- Ders. Die neue große Zeichenschule. 1. Buch: Figürliches Zeichnen; 2. B.: Tiere zeichnen. Leipzig: E.A. Seemann-Verlag (bzw. Lizenzausg. Tosa-Verlag), 2000 bzw. 2001.
- Colsman, Michael: Bewusstsein, konzentrative Meditation und ganzheitsorientiertes Menschenbild. Bochum: FGL-Verlag 2013. (Diss. Fak. Mathematik und Naturwissenschaft, Fachbereich Psychologie, Univ. Oldenburg 2011)
- Gloy, Karen: Bd. I: Die Geschichte wissenschaftlichen Denkens – Verständnis der Natur; Bd. II: Die Geschichte des ganzheitlichen Denkens – Verständnis der Natur. C.H. Beck, München, 1995 bzw. 1996.
- Historisches Wörterbuch der Philosophie, hgg. v. J. Ritter u.a.: „Ganzes/Teil"; „Mysterium"; „Mystik".
- McGinn, Bernhard: Die Mystik im Abendland. Freiburg/Br.: Herder, Bd. I-IV: 1994-2008.
- Müller, Rüdiger: Wandlung zur Ganzheit. Die initiatische Therapie nach Karlfried Graf Dürckheim und Maria Hippius. Herder: Freiburg/Br., 1981. (Diss., Fak. Psychologie u. Grenzgebiete, Universität Freiburg/Br.)
- Ruh, Kurt: Geschichte der Mystik. München: C.H. Beck, Bd. I-IV: 1990-1999.

Meditative Körper- und Atemübungen

Johannes Soth

Meditative Körper- und Atemübungen: Mit diesen leichten, auch für Anfänger geeigneten meditativen Körper- und Atemübungen sollte dem Symposiumsthema „Ganzheitsorientierung" auch praktisch durch Einbezug des Leibes entsprochen werden.

Übungsleiter: Johannes Soth, (Duisburg), Gymnasiallehrer für Kunst und Religion; langjährige Praxis in Yoga und Zen, Erteilung eines Lehrauftrags für Zen durch Prof. Michael von Brück; z.B. am Gymnasium in Neukirchen-Vluyn, Einführung des Schulfachs K.E.K.S. (Körperorientierte Entspannungs- und Konzentrations-Schulung).

In den mystischen Traditionen der Weltreligionen hat die körperliche Erfahrungsebene eine grundlegende Bedeutung für die spirituelle Entwicklung des Einzelnen sowie das Leben in der Gemeinschaft. Doch wird der Körper auch als ein Fahrzeug zu den höchsten spirituellen Zielen betrachtet. Mystische Erfahrungen gelten überhaupt nur dann als echt, wenn der Geist den Körper durchdringt und sich im Leibe manifestiert. Einen langen Atem haben, mit kraftvoller Stimme überzeugend sprechen und mit Rückgrat aufrichtig handeln: dies sind Lebensvollzüge, die verbunden sind mit dem „Leib, der wir sind" (Karlfried Graf Dürckheim).

So gehört unsere Leibhaftigkeit zur Seinsebene, was für unsere Gedanken, Gefühle und Vorstellungen nicht immer zutrifft. Der Atem kann den Übenden zu seiner Mitte führen, während die vom Ego bestimmte Gedankenwelt ihn immer wieder von seinem Wesen abzulenken vermag. Im Rahmen des Symposiums „Beiträge mystischer Traditionen in den Weltreligionen zu einer ganzheitsorientierten Spiritualität" habe ich in drei Abschnitten Übungen angeleitet, die zu einer bewussten Erfahrung der Einheit von Körper, Seele und Geist führen sollten:

Meditative Körper- und Atemübungen I
(Samstag, 23. November 2013)

Übungen aus dem Stand:
1. Armkreisen (meditative Bewegung der Arme; „Einsammeln" von Energie)
2. Einen Arm und ein Bein anheben (Synchronisierung der Körperbewegung mit dem Atemrhythmus)
3. Die Birke (sanfte Form der Seitbeuge zur Vertiefung der Bauchatmung)

Übungen aus der Sitzposition:
4. Die dreifache Ehrfurcht (Verneigungen in drei Richtungen)
5. Durch den Mundspalt atmen (zur Energie-Konzentration im Unterbauch)
6. Kapalabhati (Reinigungsatem)
7. Nadi Sodhana (Nasenwechselatmung zum Ausgleich der Gehirnhälften)

Übungen aus dem Kniestand zu den drei Hauptzentren:
8. Bauchatmung (Vertiefung der „Erdmitte")
9. Übung zum Stirn- und Kronenchakra (Öffnung zur „Himmelsmitte")
10. Herzchakra-Übung (Stärkung der „personalen Mitte")

Übungen aus der Sitzposition:
11. Atemkreislauf (Harmonisierung der drei Hauptzentren)
12. „Bergmeditation" (Übung zur Gedankenstille)

Meditative Körper- und Atemübungen II
(Sonntag, 24. November 2013)

1. Die neun Gebetsweisen des hl. Dominikus[24]
    1.1 Verneigung von Oberkörper und Kopf (inclinatio)
    1.2 Niederwerfung auf dem Boden mit dem Gesicht zur Erde

(prostratio, venia, humiliatio)
1.3 Bußschläge auf die Schultern
1.4 Aufrechtes Stehen im Wechsel mit längerem Knien
(statio et genuflexio)
1.5 Stehen mit (auf Schulterhöhe) nach vorne geöffneten Händen, wobei kurze Gebete wiederholt werden (ruminatio)
1.6 Seitliches Ausstrecken der Arme zu einer Kreuzform des Leibes (in cruce extendere)
1.7 Ausstrecken der Arme mit zusammengelegten Händen über den Kopf in die Höhe
1.8 Ruhiges, aufrechtes Sitzen (für eine Lesung oder Betrachtung)
1.9 Ruhiges Gehen mit unablässigem Beten
2. Die Seitbeuge (Standübung): drei Bewegungen (körperliche Bewegung, Atembewegung und die begleitende fließende Aufmerksamkeit) zu einer einzigen Bewegung werden lassen
3. Chakravakasana (Übung aus der Vierbeiner-Position): Sensibilisierung, Öffnung und Harmonisierung der sieben Chakren
4. „Gestreckter Panther" und „Kobra" im Wechsel (Übung aus dem Fersensitz) – Energie-Auflage der Wirbelsäule
5. „Kin hin" (Meditatives Gehen)
6. „Shikantaza" (= nur sitzen) – Merkmale für einen guten Meditationssitz

Meditation im Plenum
(Sonntag, 24. November 2013)

Einübung der „Verwandlungsformel" nach Karlfried Graf Dürckheim
1. Ich lasse mich los (erste Hälfte des Ausatmens)
2. Ich lasse mich nieder (zweite Hälfte des Ausatmens)
3. Ich werde eins mit dem Grund (Unterbauch/Beckenboden; Atemruhe/Atemleere)
4. Ich werde mir neu und verwandelt wieder geschenkt (Einatmen)
5. Ich genieße die Kraft und Fülle des Lebens (Anhalten mit vollen Lungenflügeln)

Die hier aufgeführten Übungen, die anvisierten Ziele und die eingefügten Andeutungen zur praktischen Umsetzung können lediglich einen Überblick über den Aufbau des im Symposium durchgeführten Programms und die inhaltlichen Schwerpunkte der Körper- und Atemarbeit geben. Detaillierte Übungsanleitungen lassen sich nicht auf einigen wenigen Seiten darstellen und benötigen zur Anschaulichkeit in den meisten Fällen Grafiken oder Fotos.[25]

Intensive, mit Achtsamkeit verbundene Körper- und Atemarbeit ist immer auch schon Arbeit am Bewusstsein. Dabei fungiert der Atem als Brücke zwischen Körper und Geist, als wirkungsvolle Kraft, die zur Integration und Einheit der Gegensätze führt. Im Herz-Zentrum, der personalen Mitte des Menschen, können sich im Laufe der Übungs-Praxis die „Himmelsmitte" (die formfreie, überindividuelle, universale Dimension des Menschen) und die „Erdmitte" (die Ebene der individuellen Formen und des physisch Manifestierten) mehr und mehr integrieren (siehe die drei Übungen zu den Hauptzentren, 8., 9. und 10.).

In buddhistischer Tradition des Großen Fahrzeugs lässt sich dies In-Eins-Fallen von Gegensätzen zum Beispiel anhand der Formel „Form ist wirklich Leere und Leere wirklich Form" (Herz-Sutra) andeuten; im Christentum entspricht – mystisch gedeutet – dem mit den nötigen Abwandlungen der Vers „Und das Wort ist Fleisch geworden und hat unter uns gewohnt" (Prolog des Johannes-Evangeliums, 1, 14). Für die ganzheitliche Entwicklung von Persönlichkeit ist es hilfreich, Körper, Seele und Geist in ihrer wechselseitigen Wirkung aufeinander zu unterscheiden, aber ebenso ihre untrennbare Einheit immer tiefer zu erfahren. Nicht nur in der Theologie, sondern auch auf dem körperorientierten, spirituellen Übungsweg hat die Formel „Einheit in Unterschiedenheit" höchste Bedeutung.

Integrative Impulse mystischer Traditionen im Judentum (Kabbala und Chassidismus)

Elke Morlok

Zusammenfassung: Der Beitrag gibt einen kurzen Überblick über die wichtigsten Epochen und Strömungen der jüdischen Mystik. Dabei werden deren integrative Impulse, wie sie vor allem im Gebet, der Kontemplation und – im Chassidismus – in der sogenannten „Arbeit in der Materie" (*Avoda beGashmiut*, „Dienst mit der Körperlichkeit") vorkommen, analysiert und für das Thema der Festschrift, eine ganzheitliche Spiritualität, fruchtbar gemacht.

Besonders zwei Punkte sind genauer darzustellen und in ihrer existentiellen Bedeutung für den Mystiker und seine Gemeinschaft zu beleuchten: Die theurgisch-magischen Aspekte der unterschiedlichen kabbalistischen Strömungen mit ihrem Einfluss auf die göttliche Welt der *Sefirot* (der zehn Seins- oder Handlungsweisen der Gottheit) und die Übung der *Kawwanah* (Konzentration) in der praktischen Kabbala eines Isaak Luria (1534 – 1572), des Begründers der wichtigsten kabbalistischen Traditionslinie bis heute.

Zur Person: Dr. phil. Elke Morlok, (Heidelberg, jetzt Mainz u. Tübingen), Studium der Ev. Theologie und Judaistik in Tübingen, Heidelberg und Jerusalem; Promotion zu dem mittelalterlichen Kabbalisten Rabbi Joseph Gikatilla bei Moshe Idel; Artikel, Editionen und Übersetzungen zur jüdischen Mystik und Philosophie, Sprach- und Symboltheorie und Auslegungskunst, Forschungsschwerpunkt Kabbala und jüdische Aufklärung (Haskala).

Jüdische Tradition, insbesondere die mystischen Strömungen, entwickelte sich seit der Antike in einem Spannungsfeld zwischen Gemeinschaft (*Knesset Israel*) und Individuum, zwischen den Geboten bzw. deren Einhaltung, wie sie in der Halacha, dem jüdischen Religionsgesetz, vorgeschrieben wird, und der Freiheit des Einzelnen in seinem persönlichen Streben nach Vollkommenheit (wörtl.: „Ganzheit", *Schlemut*) in sämtlichen Bereichen des praktischen Lebens und des theoretischen Denkens. Doch sind dabei, vor allem in der jüdischen Mystik, zahlreiche Elemente eines integrativen Denkens und Seins im Bereich des Göttlichen sowie der irdischen Gemeinschaft in unterschiedlichen Ausprägungen zu finden, auf die ich im Weiteren eingehe.

Zwei Aspekte haben die meisten Beispiele, die ich aus den unterschiedlichen Epochen von der Antike bis zum Chassidismus des 18./19. Jahrhunderts anführen werde, gemeinsam: mystische Erfahrung und Offenbarung sind nur auf Grundlage eines Lebens nach der Halacha, also den 10 Geboten vom Sinai und ihrer Interpretation in den rabbinischen Schriften zu erreichen. Am Sinai waren laut der rabbinischen Schrift *Pirqe Avot*, den Sprüchen der Väter, die Seelen der Israeliten aller Generationen anwesend und haben die Weisungen Gottes seit diesem Zeitpunkt sowohl in schriftlicher Form der Tora als auch in mündlicher Form, der exegetischen Interpretation der Traditionsliteratur, erhalten. In den Geboten und der Halacha sind also die Israeliten aller Generationen miteinander verbunden und daher ist ihre Anwendung, besonders in den alltäglichen Ritualen, am Schabbat und an den Feiertagen, essentiell wichtig für das Fortbestehen des Bundes mit Gott bzw. des jüdischen Volkes an sich.

Als zweites ist die Berücksichtigung der zentralen Funktion der hebräischen Sprache als Inkarnation, Materialisierung des göttlichen Wortes zu nennen. Der Mystiker imitiert es und wird damit selbst zum Schöpfer, d.h. im Sprechen und in der Meditation über das hebräische Alphabet bzw. den biblischen Text vollzieht er eine *Imitatio Dei*, was wir vor allem in der Kabbala des Mittelalters sehen werden. Dabei wurde eine besondere Form der integrativen Hermeneutik entwickelt, auf die ebenfalls im letzten Abschnitt anhand eines Beispiels einzugehen ist.

1. Integrative Impulse in den antiken Traditionen des Judentums

In der sogenannten Weisheitsliteratur der Antike, in den biblischen Büchern Hiob und den Sprüchen Salomos sowie den außerkanonischen Schriften dieser Epoche, etwa der Weisheit Salomos (*Sapientia Salomonis*) und Jesus Sirach, finden wir eine äußerst interessante Entwicklung im Suchen des Menschen nach Weisheit und deren Ort. Während bei Hiob, besonders in Kapitel 28, die verzweifelte Suche des Menschen nach der Weisheit und deren Ort bei Gott dargestellt ist, die Weisheit aber dort eine abstrakte, unzugängliche Größe bleibt, wird sie in den Sprüchen Salomos zunehmend personifiziert und ist damit erreichbar. Das ist eine einmalige theologische Neuerung im antiken Judentum. Sie wird zur Vertrauten Gottes oder zu seinem Kind (*Amon*), das vor ihm spielt und ihm Freude bereitet. Sie wurde von Gott vor der Schöpfung hervorgebracht, hatte eine Schlüsselfunktion bei der Schöpfung als „Schöpfungsplan" oder Beraterin im platonischen Sinne und zieht nun des erfreuten Gottes Aufmerksamkeit auf sich. Zugleich jedoch wendet sie selbst ihre Aufmerksamkeit weg von Gott auf die Menschheit hin. So deutet sich hier eine vermittelnde Funktion der Weisheit zwischen Mensch und Gott an. In der Weisheitsliteratur möchte sie – anders als bei Hiob – erkannt werden, sucht nach der Menschheit, befindet sich auf der Erde und nicht im himmlischen, transzendenten Bereich. Wer auf sie hört, muss auf ihren Wegen wandeln und moralische Vorgaben beachten, dann wird er Weisheit und Glück erlangen. Die Gegenwart der Weisheit bedeutet Leben, und der Anspruch der Weisheit hat eindeutig Heilscharakter; sie ist die Offenbarung Gottes auf Erden und führt zur Kenntnis der Weltordnung, die wiederum vollkommene Harmonie mit dem Kosmos und Gott ermöglicht. Sie ist die Stimme Gottes auf Erden und als seine Tochter seine Verkörperung, seine Materialisierung, seine Menschwerdung, und zwar in weiblicher Gestalt.

In Jesus Sirach sucht Gott eine Ruhestätte für seine Weisheit auf Erden, ein Zelt (ganz gemäß der alten Bundestradition), und sie weilt als Gottes Stellvertreterin unter den Menschen. Dabei soll der Mensch sowohl ihre Früchte genießen, als auch sich gehorsam ihr gegenüber verhalten. Diese Vorstellung stammt ursprünglich aus dem Feld der Toralehrer des alten Israel und lässt einen Ursprung dieser Schrift aus solchen Kreisen vermuten. Die Weisheit verbreitet sich nun durch die Lehren und Weisungen des Weisen (*Chacham*, dieselbe hebr. Wurzel wie Weisheit: *Chochma*), der sie zu nutzen und zu erläutern weiß. Er kann die Tora in ein gewaltiges Meer des Wissens aller künftiger Generationen verwandeln und lässt „seine Lehre (*paideia*) strahlen wie die Morgenröte, verbreitet ihren Glanz in die Ferne" (Kapitel 24, 32).

In der *Sapientia Salomoni*s wird die Weisheit nun zum Medium der göttlichen Energie. Wenn sie andeutungsweise als Gottes geliebte Gemahlin dargestellt wird, liegt darin eine deutliche erotische Spannung zwischen männlichem und weiblichem Aspekt der Gottheit. Sie wird also als erwachsen vorgestellt im Gegensatz zur Tochter und ist nicht mehr nur Weisheit (*sophia*), sondern Geist der Weisheit (*pneuma sophias*). Die Weisheit wird Geist, besitzt aber auch zugleich Geist, wie es in 7, 22 heißt: „In der Weisheit ist ein Geist, gedankenvoll und heilig, einzigartig und doch mannigfaltig, zart beweglich, klar." Gleich zu Beginn des Buches ist beschrieben, wie die Weisheit in die Menschen eingeht, weil sie diese liebt (*philanthropon*) und die Sünde hasst (1, 4-6). Die Metaphorik in 7, 25f deutet auf eine Energie hin, die von ihrer Quelle (Gott) an ihre Empfängerin (Weisheit) vermittelt wird. Gott ist Kraft, Herrlichkeit, Licht, Energie, die Weisheit ist Dampf, Ausfluss und Glanz, der aus der göttlichen Kraftquelle hervorgeht, der Spiegel von Gottes ungetrübter Macht, der diese reflektiert. Als Spiegel bündelt sie diese Energie und spiegelt sie im irdischen Bereich wider. Sie findet Eingang in den Menschen (7, 28f) und verwandelt diesen. Der Mensch wird zu ihrem Freund, und somit zum Freund Gottes, zu seinem Abbild und Ebenbild gemäß Genesis 1, 27. Als Weltenordnerin übernimmt sie Aufgaben, die in Plutarchs Isis/Osiris-Mythos von Isis, der Göttin des Mondes, wahrgenommen werden. Sie empfängt die Strahlen und leitet sie an die irdische Welt weiter.

Wie wir sehen, findet sich in der antiken Weisheitsliteratur des Judentums ein breites Panorama an Weisheitstraditionen. Die Weisheit ist sowohl die in Gottes Schöpfung eingeschriebene Struktur als auch ein geschaffenes, weibliches Wesen, das als Zeugin und Erstgeborene der Schöpfung zugleich als Gottes Stellvertreterin auf Erden fungiert und als Vermittlerin die Kluft zwischen himmlischem und irdischem Bereich überbrückt.

Etwas komplizierter ist die Sachlage bei Philo von Alexandrien (20 BCE – 50 CE), dem ersten und prominentesten jüdischen Philosophen der Antike. Philo, der stark von der hellenistischen Philosophie der Stoa und dem Platonismus beeinflusst war, etabliert im Zusammenhang mit der Weisheitslehre eine ausgefeilte Erkenntnistheorie. Gott und Weisheit sind bei ihm Vater und Mutter, wobei Gott der Architekt ist und die Weisheit sein Wissen (*episteme*) darstellt. Philo nimmt hier offenbar Vorstellungen aus der *Weisheit Salomos* auf und entwickelt diese weiter. Dabei fällt auf, dass die Weisheit als weibliche Sophia im Stile der platonischen Geschlechterinterpretation weiblich-passiv als Partnerin Gottes beschrieben wird, jedoch zugleich als älterer Sohn Gottes, der als Logos und *kosmos noetos* (d.h. nur geistig wahrnehmbar, im Gegensatz zum jüngeren Sohn, dem *kosmos aisthethos*) beim göttlichen Vater verweilt. In Philos Werk über die Weltschöpfung (*De opificio mundi*) erfahren wir, dass Gott als Baumeister zunächst die Stadt, also die Schöpfung, im Geiste (als *kosmos noetos*) entwirft und dann in der sinnlich wahrnehmbaren Welt (*kosmos aisthetos*) realisiert. Die Welt der Ideen hat dabei keinen Ort in der äußeren Welt und bleibt bei Gott bzw. ist mit dem göttlichen Logos gleichzusetzen. Logos ist damit einerseits zugleich Ursprung und Ort des *kosmos noetos*, als Weisheit jedoch, die wie der aus Eden entspringende Fluss in die Welt strömt, ist dieser Logos in weiblicher Form gedacht; dabei ruft sie beim Menschen die vier Kardinaltugenden analog zu den vier Flüssen aus dem Garten Eden hervor. Logos und Weisheit sind beide in ihrem Sein mit Gott verbunden, wobei die letztere als Beauftragte Gottes in die Welt strömt und seine Schöpfungskraft und die Erkenntnisfähigkeit des Menschen im irdischen Bereich darstellt. Als aktive Übermittlerin der Erkenntnis des Göttlichen wird sie zum Besitz des Menschen. Ausdrücke, wie Gottes Tochter, und eine erotische Spannung zwischen männlich und weiblich implizierende Bezeichnungen, wie Braut, Gemahlin und heimliche Geliebte, werden später in der kabbalistischen Literatur wieder aufgenommen und in einer ausgeprägten Symbolik weiter entwickelt.

In der Literatur aus Qumran, dem Fundort der ältesten Schriftenrollen am Toten Meer, kommt nun das Moment des Rituals hinzu. Die Integration des menschlichen Denkens in den Bereich des Göttlichen findet hier nicht mehr durch die Weisheit als epistemologische Vermittlerin statt, sondern mit Hilfe des Rituals, genauer gesagt des Hymnus beim Schabbatgottesdienst. In den sogenannten Schabbatliedern dieser essenischen Texte aus Qumran ist beim Hymnus der Gemeinde eine Verschmelzung mit dem parallel ablaufenden Gottesdienst der Engel vor dem göttlichen Thron intendiert: Die Engel steigen aus dem himmlischen in den irdischen Bereich hinab und die singende Gemeinschaft auf Erden steigt in den göttlichen Palast auf. Integration ereignet sich hier im Ritus, genauer gesagt in Gesang und Anbetung. Ihr folgt die Realisierung der Gottesherrschaft sowohl im präsentischen als auch eschatologischen Sinne. Im Ritus vollzieht sich das Nebeneinander der beiden Herrschaftsbereiche Gottes. Im Jetzt und in der Zukunft empfängt in der Jo- hannesapokalypse sowohl die Gottheit als auch jeder Einzelne Reinheit und Heiligkeit. Ähnlich wie bei der Offenbarung am Sinai realisiert sich hier ein traditions- und bereichsübergreifendes Ereignis im Ritus und das Gebet tritt anstelle des Opfers.

Ausgehend von dieser Idee entwickelt sich in der rabbinischen Literatur, vor allem in Bezug auf den Tempelkult mit dem späten Midrasch (z. B. Moshe haDarshan, 13. Jh.) eine Tradition der integrativen Hermeneutik. Darin tritt wiederum das Gebet oder selbst die exegetische Arbeit des Interpreten an die Stelle des Opfers und macht eine interdependente Verschmelzung bzw. eine isomorphe Korrespondenz beider Bereiche, des irdischen und des göttlichen, möglich. Der Höhepunkt dieses Zusammentreffens liegt laut dieser Tempel-Tradition im Eintritt des Hohepriesters in das Allerheiligste des Tempels am Versöhnungstag, am *Yom Kippur*. Dort ist die göttliche Einwohnung, die *Schechina*, zwischen den beiden sich umarmenden Keruben für den Hohepriester bzw. den Exegeten erfahrbar, und die Versöhnung und Harmonie der göttlichen Kräfte kann an die Gemeinde übermittelt werden.

Das Phänomen der Exegese als Integration des Lesers in den himmlischen Bereich, die Vereinigung des menschlichen Intellekts mit dem göttlichen, findet ihre Fortsetzung und ihren Höhepunkt in der mittelalterlichen Kabbala, v.a. in der ekstatisch-prophetischen Strömung des Abraham Abulafia und seiner Schule, die auch Kabbala der Namen oder linguistische Kabbala genannt wird.

2. Ekstatisches *Selbstgespräch* bei Abraham Abulafia in der prophetischen Kabbala

Abraham Abulafia, der Begründer der sogenannten ekstatischen Kabbala, entwickelte im 13. Jh. in seiner spezifischen Lehre verschiedene Techniken zur Manipulation der hebräischen Sprache, die in ihrer korrekten Anwendung als Wort Gottes den Mystiker in einen ekstatischen bzw. prophetischen Zustand versetzen konnte. Dadurch vereinigte sich der menschliche mit dem göttlichen Intellekt und dieser Zustand ermöglichte „außerhalb des Körpers" (ekstatisch) eine Erkenntnis der göttlichen Geheimnisse, also des präsentischen Seins im Garten Eden. Nach eingehenden Vorbereitungen in physischer und psychischer Hinsicht stellte sich solch eine Offenbarung auch in dem Sinne ein, dass der Mystiker eine Art Selbstgespräch in Form eines Gebets oder Exegese anhand einer Spiegelvorstellung führte, wobei häufig die Perspektive wechselte (autoskopische Halluzination, Heautoskopie oder out-of-body experience). Entweder sprach der Mystiker mit seinem eigenen ekstatischen Gegenüber oder sah sich einem Engel gegenüber, welcher ihn in die göttlichen Geheimnisse einweihte. Sprache diente hierbei als integratives göttliches und menschliches Medium, das die *unio mystica* ermöglichte und den Kabbalisten in diesen außerordentlichen Zustand versetzte. Anhand dieser komplexen Techniken konnte sich der Mystiker quasi selbst an die Stelle des Schöpfers setzen und „neue Welten" erschaffen, wie dies an mehreren Stellen in der rabbinischen Literatur schon angedeutet, aber nie zu Ende gedacht worden war.

3. Die Sefirot (Eigenschaften/Handlungsweisen Gottes) und ihre Bedeutung für die *unio mystica* in der theosophisch-theurgischen Kabbala des Mittelalters

In der zweiten Hauptströmung der mittelalterlichen Kabbala wird Gott als eine Art lebendiger Organismus in zehn Seins- oder Handlungsweisen kategorisiert, den zehn Sefirot, die oft als Baum (siehe oben) dargestellt werden und sich in eine linke Seite der Gnade (*Chessed*) und eine rechte Seite des strengen Gerichts (*Din*) gruppieren. Die unterste Stufe bzw. die Verbindungsstufe zwischen irdischem und göttlichem Bereich bildet dabei die *Schechina*, die wir bereits aus der biblischen und intertestamentarischen Tradition kennen. Dabei ist das Ziel der mystischen Kontemplation und des irdischen Handelns die Herstellung der innergöttlichen Harmonie – der Ausgleich zwischen Gericht und Erbarmen – als Folge des theurgischen Aktes, sodass der göttliche Segensfluss durch das Sefirotensystem hindurch in den irdischen Bereich herabgezogen werden kann, was auch als magischer Einfluss auslegbar ist. Je nach den unterschiedlichen Schulen übernehmen dabei die Sefirot entweder den Status der Essenz des göttlichen Seins oder des Instrumentariums des göttlichen Handelns im irdischen Bereich. Ein einprägsames Beispiel einer besonderen Art der integrativen Hermeneutik sei kurz angeführt. In dieser Geschichte führt die horizontale Bewegung eines Eremiten zu einem vertikalen Aufstieg und zu seiner Wandlung in einen Heiligen:

„Die Prinzessin und der Taugenichts"
[a] Dies lernen wir aus einem Vorfall, der von Rabbi Isaak von Akko aufgeschrieben und erzählt wurde: Eines Tages kam die Prinzessin aus dem Badehaus. Einer aus dem niederen Volk (me-joshvei qeranot; wörtl.: *von denen, die in den Ecken sitzen) sah sie, seufzte tief und sagte: „Wer würde mir meinen Wunsch erfüllen, dass ich mit ihr machen könnte, was mir beliebt (wörtl.: was gut ist in meinen Augen)!" Und die Prinzessin antwortete und sprach: „Das wird auf dem Friedhof geschehen, doch nicht hier." Als er diese Worte hörte, freute er sich, da er glaubte,*

sie bedeuteten, dass er zum Friedhof gehen solle, um dort auf sie zu warten, und dass sie zu ihm kommen würde und er mit ihr machen könne, was er wolle. [b] Aber sie meinte nicht dies, sondern wollte sagen, dass nur dort [auf dem Friedhof] Große und Kleine, Junge und Alte, Verachtete und Geehrte gleich seien. Doch nicht hier, so dass es nicht möglich sei, dass einer aus dem Pöbel sich ihr näherte.

[c] So stand der Mann auf, ging zum Friedhof und setzte sich dort nieder. Und er brachte seinen Intellekt dazu, ihr anzuhangen (jiqshor mahashevet sikhlo bah), und er dachte immer an ihre Form [Idee]. Aufgrund seiner großen Sehnsucht nach ihr entfernte (hifshit, entkleidete) er all sein Denken von den Sensibilia (me-kol murgash) und richtete es fortan ganz auf die Form dieser Frau und ihre Schönheit. Tag und Nacht, alle Zeit saß er auf dem Friedhof. Er aß, trank und schlief dort, denn er sprach zu sich selbst: „Wenn sie heute nicht kommt, so wird sie morgen kommen." Dies tat er viele Tage lang, und aufgrund seiner Trennung von allen Objekten sinnlicher Wahrnehmung (me-kol murgash) und der ausschließlichen Bindung seiner Seele (qeshirat mahashevet nafsho) an ein einziges Objekt, wegen seiner Konzentration (hitbodeduto) und seiner vollkommenen Sehnsucht entfernte (nitpashtah) sich seine Seele von der Welt der sinnlichen Wahrnehmung (me-ha-murgashot) und kehrte zurück, um sich an die Intelligibilia (muskalot) zu binden (lehidabeq), bis sie sich von allen wahrnehmbaren Dingen getrennt hatte (nitpashtah), auch sogar von der Frau selbst. Da vereinigte es [sein Denken] sich mit Gott (we-daveqa ba-shem jitbarakh). Und nach kurzer Zeit legte er alle Empfindungen ab, und es verlangte ihn nur nach dem göttlichen Intellekt (ba-muskal ha-'elohi). Er wurde wieder ein vollkommener Diener und Heiliger Gottes ('ish ha-'elohim qadosh), dessen Gebet erhört wurde und dessen Segen für alle Vorbeigehenden nützlich war, so dass alle Kaufleute und Reiter und Soldaten, die vorbeikamen, zu ihm gingen, um seinen Segen zu erhalten und sich sein Ruhm weithin verbreitete. [d] Soweit das für uns relevante Zitat: Und er (Rabbi Isaak) fuhr fort, über das hohe spirituelle Niveau dieses Asketen (parush) zu sprechen. Er schrieb über die Taten der Asketen (perushim), dass derjenige, der keine Frau begehrt, wie ein Esel sei oder sogar noch geringer,

*da der Sinn (*ta'am*) darin liege, dass man aufgrund des sinnlich Wahrnehmbaren (*me-ha-murgash*) die Anbetung Gottes (*ha-'avoda ha-'elohit*) verstehen kann/wahrnimmt, wie wir erläutert haben.*[26]

Wir sehen in dieser Erzählung, die zwar erst spät verschriftlicht wurde, aber auf Quellen aus dem 13. Jh. Zurückgeht, evtl. vom Sufismus beeinflusst ist, die besondere Stellung der *Schechina*, welche im Text von der Prinzessin verkörpert wird. Durch sein erotisches Verlangens nach ihr, nach ihrer irdischen Schönheit, kommt eine Wandlung, eine Apotheose dessen, der eigentlich am Rande der Gesellschaft steht, zustande und der Taugenichts wird zu einem Segensbringer, einem Heiligen, für eine mobile Gemeinschaft und zum Ziel von Pilgerreisen. Es bleibt unklar, ob es sich anfänglich um ein Missverständnis zwischen dem Mann und der Prinzessin handelt oder nicht; doch entscheidend ist die Verwandlung seines Verlangens vom *Eros* zur *Agape* und schließlich zur *Philia*, hervorgerufen durch seinen Rückzug an einen ungewöhnlichen Ort, seine Isolation, und seine damit verbundene Kontemplation der Erscheinung der schönen Frau, die ihn zum Ursprung ihrer Schönheit, der Quelle der Schönheit und des Seins aufsteigen lässt. Mit diesem Ursprung vereint sich sein Intellekt, sodass er den göttlichen Segen herabziehen und anderen weitergeben kann. Der Rückzug aus der Ebene der sinnlichen Wahrnehmung führt zu einem Aufstieg ins Reich der Intelligibilia und letzten Endes zu einer Kommunikation mit der Quelle der Schönheit, also dem göttlichen Sein selbst. Die irdische Prinzessin ist hierbei die Impulsgeberin; doch aus dem aufsteigenden (anabatischen) Zug des Taugenichts hin zur Quelle der Schönheit, der oberen Prinzessin oder *Schechin*a, wird am Ende der Erzählung ein absteigend-theurgisches (katabatisches) Moment, indem der göttliche Segensfluss aktiv herabgezogen und auf die unmittelbare Mit- und Umwelt übergeleitet wird. Dabei findet eine Art Rollentausch statt, wobei sich der Taugenichts vom passiven Objekt erotischer Anziehungskraft zu einem aktiv theurgischen Protagonisten wandelt. Dabei ist die *Schechina* zunächst die aktive Impulsgeberin und findet später ihre Ruhestätte im Eremiten. Diese positive Bedeutung der „Magie", das Herabziehen des göttlichen Segens auf die Umwelt durch den Mystiker nimmt der spätere Chassidismus wieder auf. Doch wollen wir uns zunächst einer anderen Strömung, der christlichen Kabbala, zuwenden:

4. Die christliche Lehrtafel der Prinzessin Antonia in Bad Teinach

Der christliche Kabbalist und Dichter Christian Knorr von Rosenroth (1636–1689) hat in seinem Lied „Morgenglanz der Ewigkeit" (EG 450) ein ganz ähnliches Empfinden beschrieben und vertont, wie es die kabbalistische Lehrtafel des Altars in Bad Teinach zum Ausdruck bringt. Hier wie dort ist das Licht beim Sonnenaufgang Gleichnis für das nie vergehende Licht Gottes, dessen ewige Herrlichkeit und seinen göttlichen Segen, der täglich auf uns Menschen herabströmt.

Der Altar mit der kabbalistischen Lehrtafel wurde von Johannes Strölin (1620–1663) entworfen und im Frühjahr 1673 zum 60. Geburtstag der Prinzessin Antonia in einem festlichen Gottesdienst geweiht. Auf seiner Außenseite (ohne Bild) ist der Brautzug der Sulamith abgebildet, ein Sinnbild für den Aufstieg der Seele zu ihrem göttlichen Ursprung, der Christus ist. Christus setzt Sulamith (Hld. 7,2), in Gestalt der Prinzessin Antonia, die Krone des Lebens aufs Haupt. Damit kommt die Liebesbeziehung zwischen Gott und seinem Volk Israel zum Ausdruck, wie sie vor allem das Hohelied beschreibt. Wie schon im vorherigen Abschnitt angedeutet, wird so in der mystisch-jüdischen Tradition der Kabbala die erotische Beziehung zwischen dem männlichen Mystiker und dem weiblichen Teil der Gottheit, der *Schechina* (irdische Einwohnung Gottes) ausgedrückt. Sie führte im Idealfall zur himmlischen Hochzeit, also der mystischen Vereinigung zwischen Gott und dem Kabbalisten durch gerechtes Handeln, Kontemplation und Gebet. Diese *Unio* ist auch aus der sogenannten „Brautmystik" des Pietismus bekannt. Dort wird diese Beziehung als das Verlangen der frommen Seele nach dem Bräutigam Christus dargestellt. Die Seele sehen wir hier als Braut Christi in Gestalt der Antonia verkörpert. Sie steht an der Spitze des Brautzugs, vor ihren beiden Schwestern sowie einer dritten Frauengestalt, die die Schleppe der Braut als Zeichen ihrer Zugehörigkeit zu den beiden anderen hält. Dabei ist ihre Schwester Anna Johanna als Sinnbild der Hoffnung, Sibylla als Verkörperung des Glaubens und die Schleppenträgerin als Symbolfigur der Liebe dargestellt, d.h. die drei Frauen symbolisieren die drei christlichen Haupttugenden. Sie werden im Liedvers der Braut, der auf dem Spruchband darüber abgebildet ist, als deren Lebensinhalt gepriesen und bilden die Brücke zum kabbalistischen Hauptbild der Innentafel. Hier im Hauptbild des Altars sehen wir den Aufstieg der Seele zu Gott, der nach der kabbalistischen Literatur das Herabströmen des göttlichen Segens auslöst und durch ihn das göttliche Sefirotensystem in den irdischen Bereich herabfließen lässt. Die Lehre der *Sefirot* (Seins- bzw. Handlungsweisen Gottes) ist, wie oben erwähnt, das Kernstück der mittelalterlichen Kabbala. Die obersten drei *Sefirot* – *Keter* (Krone), *Chochma* (Weisheit) und *Binah* (Einsicht) – bilden meist eine Einheit: Dabei ist Keter dem transzendenten Gott, der in der Kabbala mit *Ein Sof* (Unendlichkeit) bezeichnet wird, am nächsten oder sogar identisch mit ihm. In dieser oberen Triade ist *Chochma* (Weisheit) das männliche, *Binah* (Einsicht, obere Mutter) das weibliche Prinzip, während *Tiferet* (Pracht/Schönheit) in der Mitte des Systems oft als deren Sohn interpretiert wird.

In der christlichen Kabbala und auf der Abbildung wurden diese „Familie" bzw. die drei oberen *Sefirot* häufig mit der Trinität in Verbindung gebracht; doch fehlt hier natürlich das eindeutig weibliche Element. Die unterste *Sefira Malchut* (Königtum) ist dem irdischen Bereich am nächsten und wird auch als *Schechina*, nämlich als Einwohnung Gottes auf Erden bezeichnet. In der kabbalistischen Literatur ist diese *Sefira* eindeutig weiblich und der männliche Kabbalist fühlt sich zu ihr hingezogen, um mehr über den göttlichen Bereich zu erfahren.

Unten am Eingang dieses göttlichen Systems, dem Paradiesgarten, ist auf dem Altarbild die Prinzessin Antonia dargestellt. Die Vorlage zu dieser Darstellung des Sefirotenbaumes können wir in Gikatillas Sefirotenbaum aus seiner Schrift *Pforten des Lichts* erblicken, wie er anfangs dieses Abschnitts 3 abgebildet ist. Doch wurden im Altarbild noch zahlreiche christliche und jüdische Motive aus anderen Traditionen hinzugefügt. Im Mittelpunkt des Gartens steht an der Stelle der *Schechina* die

Prinzessin Christus gegenüber. Um ihn herum sind die zwölf Söhne Jakobs als Repräsentanten der zwölf Stämme Israels mit den zugeordneten Tierkreiszeichen, Bäumen, Edelsteinen und Tieren abgebildet. Die mittlere Linie aufwärts ist der Weg des Aufstiegs der Seele bis zur Krone, d.h. bis zu Gott. Er führt über die weibliche Gestalt am Eingang des Tempels (*Yessod*/Fundament), hier als schwangere Frau aus Offenbarung 12 dargestellt, weiter über die zweite Frauengestalt (*Tiferet*), die Maria, der fürsorglichen Mutter Jesu in der Mitte der Tempelfassade entspricht, von dort hinauf zu den drei oberen Sefirot Krone, Weisheit und Einsicht. Auffallend ist, dass die typisch männlichen *Sefirot* Fundament (*Yessod*) und Pracht (*Tiferet*) hier als Frauen dargestellt sind. Die eindeutig weibliche *Sefira* Königtum (*Malchut*) ist als Christus abgebildet. Das Fundament (*Yessod*) ist in der Kabbala dem Gerechten (*Zaddik*) vorbehalten, der die Welt durch sein gerechtes Handeln vor dem Versinken ins Chaos bewahrt. Zudem versinnbildlicht diese Sefira den Bund Gottes mit dem Volk Israel in der Beschneidung, da häufig in der anthropomorphen Interpretation des Sefirotenbaumes diese *Sefira* eindeutig dem männlichen Phallus, dem Organ der Beschneidung, entspricht. Auf dem Altarbild jedoch erscheint die Schwangere an der Stelle des *Zaddik* als künftige „Mutter aller Glaubenden" und als Symbolgestalt für das himmlische Jerusalem (Gal. 4, 26). Die ehemals Unfruchtbare hat ihren Gemahl gefunden (Jes. 54, 1-7) und das neue Gottesvolk (die 12 Sterne im Garten) hervorgebracht. Die Gottesmutter Maria steht darüber auf dem Altarbild in der Fassade an der Stelle der Pracht/ Schönheit (*Tiferet*), die die kabbalistische Tradition (im Inneren des Tempels am Versöhnungstag) dem Hohepriester zuordnet. Jedoch wird Maria in der Tafel als Sinnbild der Liebe, der liebenden Mutter, gezeigt und entspricht so der dritten christlichen Tugend, wie auf der Außentafel dargestellt. Rechts von ihr sehen wir die Ankündigung der Geburt Jesu durch den Engel Gabriel und links die Suche nach dem zwölfjährigen Sohn im Tempel. Im Giebel des Tempels erkennt man auf der rechten und linken Schrägseite die beiden *Sefirot* Gnade (*Chessed*) und Gericht (*Din*), die – wie in der jüdischen Vorlage – in ein Gleichgewicht gebracht werden müssen, um den göttlichen Segensfluss aus dem himmlischen Bereich herabzuziehen.

In der Bekrönung des Giebels erblicken wir die drei oberen *Sefirot*. Sie sind das Ziel der Himmelsreise. Die Krone (*Keter*) erscheint weiß bekleidet und steht in der Mitte als oberster Punkt der mittleren Säule der *Sefirot*. Damit bildet sie die Spitze des Systems der göttlichen Kräfte und Wirkungsweisen. Die Weisheit (*Chochma*) sitzt rechts neben ihr in Rot, und wird – auf dem Hintergrund von Spr. 8, 22-31 – in der christlichen Lehre mit dem ewigen Gottessohn gleichgesetzt. Die Einsicht (*Binah*) auf der linken Seite ist in goldener Kleidung und mit züngelnden Flammen rings um ihr Haupt die Entsprechung zum Heiligen Geist. Weiter oben erkennt man über der Kuppel das palmenumkränzte Monogramm der Prinzessin (es erscheint auch auf der Brosche der Prinzessin auf der Außentafel). Unter der himmlischen Krone sind die Buchstaben O, A und V gezeichnet. A und V stehen sicherlich für Antonia von Württemberg. Das A und O kann aus Offb. 1, 8 („Ich bin das A und O, der Anfang und das Ende, spricht Gott der Herr") als Selbstvorstellung Gottes interpretiert werden. Es finden sich noch zahlreiche andere hebräische Buchstaben im Umkreis, die auf kabbalistische und christlich-kabbalistische Traditionen, vor allem auf Christus als Krone, als Retter gedeutet werden können oder als Bräutigam der aufsteigenden Seele. Zusammenfassend lässt sich sagen: In diesen Bildern von Antonias Lehrtafel sind auf einzigartige Weise kabbalistische Motive des Sefirotenbaumes aus der jüdischen Mystik mit christlichen Interpretationen kombiniert und integriert worden. Sie veranschaulichen dem Betrachter meisterhaft, wie die menschliche Seele durch die kontemplative Betrachtung des Systems der göttlichen Kräfte zu ihrem Ursprung, ja zu ihrem göttlichen Vater aufsteigen und damit das Herabfließen des göttlichen Lichts bzw. Segens auf unsere Welt bewirken kann.

5. Die lurianischen *Seelenfunken* und ihre Erlösung bzw. die Reintegration Gottes in seine Schöpfung

Der lurianische Mythos, die bis heute bedeutendste Form der jüdischen Mystik und nach ihrem Begründer Isaak Luria (1534 – 1572) benannt, geht zunächst von einem *Zimzum* (Rückzug) Gottes bei der Schöpfung aus, damit der Kosmos überhaupt erst erschaffen werden kann. Denn wenn die göttliche Präsenz alles erfüllt, bleibt kein Raum für die kosmische Schöpfung. Somit muss zuerst eine Art Vakuum erschaffen werden, in welches hinein die Schöpfung geschieht bzw. das göttliche Licht hineinstrahlt. Doch kommt es zu dramatischen Entwicklungen innerhalb des Schöpfungsaktes, da die göttlichen Gefäße für das einstrahlende Licht nicht stark genug sind und zerbrechen. Dieser Bruch der Gefäße (*Schevirat haKelim*) wird als kosmisches Drama beschrieben; doch die Funktion des *Adam Kadmon* (Urmensch) besteht darin, diese zerbrochenen Schalen im Sinne der ursprünglichen Konfiguration des Menschen zu erretten oder zu erlösen. Dabei kommt es zum Absinken der Seelen- bzw. Lichtfunken durch die vier Welten in die unterste Welt der Materie. Die große Aufgabe der Erlösung des Einzelnen (*Tikkun*) besteht nun im Einsammeln der einzelnen Seelenfunken zu Seelenfamilien, was schließlich zum *Tikkun Olam* (Erlösung der Welt) führt. Dadurch wird die Konfiguration der messianischen Seele hergestellt, die sich nach einer Art kosmischer Katharsis dann auf einer höheren Stufe als vor der Schöpfung befindet. Somit wird durch den gesamten Erlösungsprozess Gott selbst aus seiner Schöpfung erlöst, in der er als Lichtfunken gefangen war. Von besonderer Bedeutung für die kosmische Erlösung ist in diesem Prozess sowohl das Verhalten des Individuums als auch der Gemeinschaft. Anbei ein kurzer Text, der die Funktion der *Schechina* beim Einsammeln der genannten Seelenfunken, verdeutlichen soll.

Deshalb kam Seine Schechina*, von der es heißt „Der Herr dein Gott ist ein verzehrendes Feuer" (Dtn 4, 24) dorthin, um diese Seelenfunken einzusammeln ((und)), sie (von den Schalen) auszusondern und zum Ort der Heiligkeit zu erheben, sie zu erneuern und in dieser Welt in die menschlichen Körper hinabzubringen. Das ist das Geheimnis des Exils der* Schechina. *Seit der Tempel zerstört ist, sammelt der Heilige, gepriesen sei Er, alle Seelen ein, die unter die Schalen des* Adam Belija'al *gefallen sind und mit ihm von Kopf bis Fuß vermischt sind, bis das*

Werk vollendet ist. Solange Er nicht fertig ist mit dem Einsammeln ... wird sich der Messias nicht offenbaren und Israel nicht erlöst werden ... Die Schechina *kann sie nur durch die Taten und Gebete der Menschen einsammeln ... Wenn ganz Israel in Buße (*teshuva*) umkehrte, könnte die* Schechina *alle Seelen dort in einem Augenblick einsammeln.*[27]

In diesem Text wird erneut die Interdependenz zwischen göttlicher Immanenz in Form der *Schechina* und menschlichem Handeln deutlich. Nur durch die Tat des Menschen kann die Welt erlöst bzw. können die Seelenfunken eingesammelt werden und das messianische Zeitalter anbrechen. Die Einheit von menschlichem Handeln – sei es im alltäglichen Ritus, im Gebet, in der Einhaltung der Gebote – und Denken (bzw. mystischer Kontemplation) fungieren hier als integrative Elemente, die nur gemeinsam eine Erlösung des Kosmos bzw. des Individuums herbeiführen können. Solch eine Einheit von Kontemplation und irdischem Impuls ist auch im Chassidismus der Ausgangspunkt für den Aufstieg der Seele zu Gott, wie ich im Folgenden zu zeigen versuche.

6. Chassidismus: Zwischen *Avoda beGashmi'ut* und „Shamanic Trance"

Im Chassidismus, der letzten Phase der jüdischen Mystik, findet sich häufig eine Wiederaufnahme verschiedener Elemente aus den vorher genannten Epochen: Bedeutung von Sprache, Klang, und Atem im Gebet wie bei Abulafia, alltägliches Leben als meditatives Gebet zur Erlösung der Seelenfunken wie bei Luria. Dabei spielt der „magische Effekt des physischen und psychischen Arbeitens" eine besondere Rolle und kann leicht mit Beispielen aus dem Schamanismus, mit Trance und Magie verglichen werden, wie Jonathan Garb gezeigt hat.[28] Hierzu gehören auch passive Trance-Erfahrung, Gruppenerfahrung und die Weitergabe des Trancezustandes, die einen bedeutenden Einfluss auf das 20. Jh., auf die Entwicklung von Hypnosetechniken und die Psychoanalyse ausgeübt haben. Auch Martin Buber hat in seinem Werk

„Ich und Du" („ek/enstatischer Dialog") einiges davon wieder aufgenommen und populär gemacht.

Im 18. Jahrhundert fügten Anhänger des Chassidismus im östlichen Europa den mittelalterlich-kabbalistischen Deutungen der *Schechina* neue Varianten hinzu. Joseph von Polonnoje (1741–1782), ein bedeutender Schüler des Chassidismus-Begründers Ba'al Schem Tov (Bescht, 1690–1760), überlieferte die Adaptation der oben ausgeführten mittelalterlichen Erzählung vom Taugenichts und der Prinzessin, die von seinem Meister adaptierte mittelalterliche Erzählung, nach der ein Chassid mittels seines körperlichen Begehrens nach einer Frau zur Erkenntnis der oberen Welt gelangen und seine Körperlichkeit ablegen kann. Grundlage hierfür war die chassidische Immanenzvorstellung der Schönheit, der zufolge ein Chassid etwas oder jemanden auf Erden lieben könne, ohne die niedere Schönheit zugunsten einer höheren verlassen zu müssen. Aharon Kohen von Apta (spätes 18. Jh.) fasste in seinem *Or Ganuz le-Zaddikim* (Das verborgene Licht der Gerechten; 10b) die Schönheit einer irdischen Frau – im Rückgriff auf seine Interpretation von Saras Schmuck und Schönheit (Gen 12, 11-14) – als Gegenwart einer spirituellen Kraft, eines göttlichen Funkens der *Schechina* auf. Darauf gründend entwickelte sich eine Kontemplationstechnik, die ausgehend von der Schönheit einer Frau den Aufstieg zum Ursprung der Schönheit ermöglichte. Andere Chassidim fügten in einer Synthese von ekstatischer Kabbala und philosophischer Terminologie dieser Auffassung eine weitere Dimension hinzu, nach der der platonische Aufstieg zum höheren Bereich auch den unteren heilige. Vor allem Zev Wolf von Zhitomir (gest. 1822), ein Schüler des einflussreichen chassidischen Maggid von Mesritsch (1710–1772), beschrieb in *Or ha-Me'ir* (Das leuchtende Licht, 1798), wie der Mystiker dem Ursprung der Schönheit bis zur *Schechina* folgt, die die schönste aller Frauen sei. Schönheit müsse als Teil einer religiösen Erfahrung zu ihrem Ursprung hin erhoben werden, wobei die Schönheit einer irdischen Frau den göttlichen Glanz der göttlichen Gegenwart hier auf Erden reflektiert. Weibliche Schönheit ist von Zev Wolf allerdings durchaus ambivalent gedacht. So müsse der Chassid den Anblick einer Prostituierten und jeden Gedanken an sie wegen ihrer verabscheuungswürdigen Herkunft (aus Blut) meiden. Doch darf er sich gleichwohl an anderer Stelle an weiblicher Schönheit erfreuen, spiegele sich doch die *Schechina* in ihr; die Kontemplation des Mystikers angesichts weiblicher und göttlicher Schönheit bereite dem Schöpfer sogar Vergnügen – was als theurgisch-magisches Element in der chassidischen *Schechina*-Vorstellung gedeutet werden kann. Im Zusammenhang mit lurianisch- kabbalistischen Ideen deuteten die Chassidim die spontane Begegnung mit einer schönen Frau als Impuls zum mystischen Aufstieg. Die Schönheit bzw. der göttliche Funke der Schechina verbinde sich dabei in Gestalt der physischen Frau mit der irdischen Existenz, könne jedoch durch Kontemplation wieder erlöst werden und so letztlich den *Tikkun Olam* (Erlösung der Welt) herbeiführen.

Die chassidischen Kontemplationstechniken, vor allem in Bezug auf schöne Frauen, wurden von den Gegnern der Chassidim, den orthodoxen Mitnaggdim, scharf kritisiert. So beschuldigte David von Maków (gest. 1814), einer der entschiedensten Gegner der Chassidim und Anhänger von Elia ben Salomon (der Gaon von Wilna, der einen Bann über die Chassidim gesprochen hatte), letztere der Ketzerei (*Minut*) und verspottete sie: „Sie laufen als Taugenichtse umher und sprechen dummes Zeug, indem sie behaupten, dass jeder, der auf den Markt geht und eine Frau betrachtet, sein Denken zu Gott, gepriesen sei Er, erhebt und somit Gott anbetet". Gleichwohl wurden chassidische Vorstellungen von der *Schechina* noch im 20. Jahrhundert formuliert. Der aus einer weißrussischen Chabad-Dynastie stammende Gelehrte und Publizist Hillel Zeitlin (1871 - 1942) verfasste um die Jahrhundertwende *Tzima'on. Masot al ha-chawaya ha-datit* (Durst. Essays über das religiöse Erleben). Dessen erster Teil mit dem Titel „Schechina" ist den unterschiedlichen halachischen und mystischen Traditionen der *Schechina* gewidmet, vor allem als Braut, Mutter und Matronita („Königin"). Der Untertitel „Histaklut" (Betrachtung, Kontemplation) verweist – ganz im Sinne chassidischer Interpretationen – auf die meditativ-kontemplative Betrachtung der *Schechina* in der Schönheit einer irdischen Frau. Zeitlins Werk ist ein Beleg für das Fortdauern der chassidischen *Schechina*-Tradition als religiöse Praxis.

7. Nachklänge und Fazit

Im 20. Jahrhundert sind innerhalb der jüdischen Philosophie vor allem zwei Vertreter zu nennen, die von kabbalistischen und chassidischen Deutungen sowie der integrativen Bedeutung der *Schechina* beeinflusst waren: Martin Buber (*Ich und Du*) und Franz Rosenzweig (*Stern der Erlösung*). Buber verband seine Rede vom immanenten und zugleich transzendenten Gott mit lurianischen Begriffen, wobei die *Schechina* als Theophanie des Exils auf den geschichtlichen Fakt und dessen Etablierung als religiöses Paradigma verweise, demzufolge das jüdische Volk trotz aller Schande und Bestrafung nie ganz von Gott verstoßen worden sei: Vielmehr steige die *Schechina* auf die Erde nieder, um in den Seelen der Menschen zu wohnen.[29] Rosenzweig wurde noch deutlicher, insofern er die *Schechina* und die jüdische Mystik insgesamt als Brücke zwischen dem Gott der Väter und dem Rest Israels beschrieb. Die *Schechina* ebne den Weg zur Offenbarung und zum Exil der Seelenfunken: Sie sei eine Weise Gottes, sich seinem Volk zu offenbaren. Das Exil wiederum sei ein Weg zur Offenbarung, da Gott selbst als *Schechina* im Exil mit dem Volk leide und durch den Prozess des *Tikkun* („Erlösung") erhoben und von der Gefangenschaft im irdischen Bereich erlöst werden müsse. Durch Gebet und Erfüllung der Gebote könne die *Schechina* und mit ihr Gott selbst erlöst werden und das messianische Zeitalter anbrechen.[30] Eine enge Verbindung von messianischer Idee und Gottesreich sowie *Schechina* findet sich auch bei Leo Baeck. Er formulierte, dass mit dem Wiedererwachen des Messianischen im Judentum auch die *Schechina* und der Glaube in die Welt zurückkehren würden.[31]

Eine andere Art von Erlösung wird in postmodernen Deutungen der *Schechina* geboten. Im Kabbalah-Centre, einer 1984 in Los Angeles von dem ordinierten Rabbiner Philip S. Berg (Shraga Feivel Gruberger, 1927–2013) eröffneten Studien-Einrichtung, der später die Gründung von Dependancen in vielen Orten der Vereinigten Staaten und Europas folgte, lernten jüdische und nichtjüdische Interessierte eine synkretistisch-kabbalistische Lehre kennen. Sie bildet die Grundlage für individualisierte Deutungen der Kabbala durch oft weibliche Anhänger.

Am bekanntesten wurden diese durch die Selbstinszenierungen des amerikanischen Popstars Madonna: In verschiedenen Videos, Auftritten und Interviews lassen sich neuplatonische, kabbalistische und mariologische Elemente, ihre spielerische Kombination mit *gender roles* oder auch deren Überschreitung in einer bewussten Dekonstruktion traditioneller Stereotypen erkennen. Diese „neokabbalistische" Darstellung von Weiblichkeit und Schönheit bildet – in freier Weiterführung durch Luce Irigaray und Jacques Lacan – eine neue Form der *Schechina*-Interpretation und des Erlösungsmythos: Kombiniert mit feministischen Ideen und modernen Goddess-Diskussionen, zeigt sie die *Schechina* als neue Repräsentantin des Weiblich-Göttlichen in postmoderner religiöser Praxis, Tradition und Popkultur.

Fazit: Es sollten hier kurz vertikale und horizontale Integrationselemente in jüdischer Tradition, vor allem jüdischer Mystik, in ihren unterschiedlich ausgeprägten Formen skizziert und vorgestellt werden. Dabei wird deutlich, dass sowohl die *Knesset Israel* (Gemeinschaft) als auch das Individuum für das Gelingen der Integration essentiell wichtig ist. Eine Integration – auch zwischen menschlichem und himmlischem Bereich – findet dabei stets reziprok, also in beide Richtungen statt: im irdischen Bereich (horizontal) als auch im göttlichen Bereich (vertikal), wie ich am Beispiel der Prinzessin und des Taugenichts zu zeigen versuchte. Andere integrative Ansätze habe ich mit Bezug auf eine Verbindung jüdischer und christlicher Traditionen anhand des Altarbildes der Prinzessin Antonia dargestellt. Schließlich bin ich auf die Einheit von Kontemplation und alltäglichem Handeln in der lurianischen Kabbala und im Chassidismus eingegangen. Bei allem wird die „Ganzheit" (*Schlemut*) des einzelnen als Teil der irdischen Gemeinschaft und der göttlichen Schöpfung betrachtet, die sich annähern sollten, um somit ein Sein im Paradies im Hier und Jetzt entweder antizipatorisch oder reell zu verwirklichen. Die integrative Rolle der weiblichen Seite Gottes in Form der *Schechina* wurde dabei besonders hervorgehoben und kann zu neuen interessanten Diskussionen der *gender roles* innerhalb der modernen Gesellschaft beitragen.

„Nimm dich nach dem, was du in Gott bist."
Zur intellektuellen Mystik Meister Eckharts[32]

Udo Kern

Zusammenfassung: Eckhart zeigt, dass Mystik nicht irrational sein muss, sondern im Einklang mit einem lebendigen Denken der Vernunft stehen kann. Der Vortrag gibt eine Einführung in das Denken dieses wohl bedeutendsten deutschen Mystikers, der heute zunehmend wieder an Aktualität gewinnt. Zur Sprache kommen etwa: sein tiefes Wahrheits- und Gottesverständnis; die Kreaturen können zwar in ihrem natürlichen Sein und Handeln Gott nicht offenbaren, aber dennoch besteht – christologisch gedeutet – die Möglichkeit einer vernünftigen Offenbarung, d.h. der Gottes- bzw. Sohnesgeburt, des Worts, in der Seele; Gott ist indessen über alles, was wir *geworten* können.

Zur Person: Prof. Dr. Udo Kern, emeritierter Professor für Systematische Theologie in der evangelischen theologischen Fakultät der Universität Rostock; nach seiner Habilitationsschrift zur Lehre vom Menschen bei Meister Eckhart, zahlreiche Einzelveröffentlichungen und Zeitschriftenartikel sowie Vorträge zu diesem vielseitigen Mystiker.

Das sind *Thesen* meines folgenden Beitrages:

1. Leben

1.1. Der Thüringer Meister Eckhart (1260–1328) lebt gerne.
Eckhart bejaht das Leben, das Leben ist. „,Warum lebst du' – ,Wirklich, ich weiß es nicht! Ich lebe gerne'." (Pr. 26, DW II, 27,9f.) So gilt: „Wer das Leben tausend Jahre lang fragte: Warum lebst du? – könnte es antworten, es spräche nichts anders als: Ich lebe darum, dass ich lebe. Das kommt daher, dass das Leben aus seinem eigenen Grund lebt und aus sich selber quillt." (Pr. 5b, DW I, 91,10-92,3)

1.2. „Gottes Sein ist mein Leben."

„Was ist Leben? Gottes Sein ist mein Leben. Ist mein Leben Gottes Sein, so muss Gottes Sein mein Sein und Gottes Wesenheit meine Wesenheit sein" (Pr. 6, DW I, 106,1-3). Unser Leben verdankt sich Gott. „‚Wir leben in ihm (sc. Gott)' mit ihm." Daraus ergibt sich mein Leben: „Was ist mein Leben? Was von innen her aus sich selbst bewegt wird. [...] Leben wir denn mit ihm, so müssen wir auch von innen her mit ihm mitwirken, [...] Wir sollen daraus bewegt werden, woraus wir leben, das ist: durch ihn. Wir können und müssen aus unserem Eigenen von innen her wirken. Sollen wir denn in ihm oder durch ihn leben, so muss er unser Eigen sein und müssen wir aus unserm Eigenen wirken; so wie Gott alle Dinge aus seinem Eigenen und durch sich selbst wirkt, so müssen <auch> wir aus dem Eigenen wirken, das er in uns ist. Er ist ganz und gar unser Eigen, und alle Dinge sind unser Eigen in ihm (Gott)." (Pr. 5a, DW I, 80,18-81,5).

1.3. Die Lebenskonsequenz:
„Nimm dich nach dem, was du in Gott bist."

Das heißt: „entäußere dich deiner selbst und aller Dinge und alles dessen, was du an dir selbst bist, und nimm dich nach dem, was du in Gott bist." (Pr. 24, DW I, 419,6-8) Das ist nicht rationaler Ausstieg, sondern gebiert gegründetes fruchtbares Denken. *Intellectualiter* und nicht in Einbildungen ist von Gott zu reden.

1.4. Wir brauchen einen wahren Gott wissenden Glauben.

„Je weniger du empfindest und je fester du glaubst, um so löblicher ist dein Glaube [...], denn ein ganzer Glaube ist viel mehr als ein Wähnen in dem Menschen. In ihm haben wir ein wahres Wissen. Fürwahr, uns fehlt nichts als ein wahrer Glauben." (RdU 20, DW V, 270,1-5). Glauben ist nicht Empfinden und Gefühl, sondern Gott *wissen*. „Ein Mensch soll nichts suchen, weder Verstehen noch Wissen noch Innerlichkeit noch Andacht noch Ruhe, sondern einzig Gottes Willen." (Pr. 62, DW III, 59,3f.) Glauben heißt erkennend und wissend Gott vertrauen. (Vgl. Pr. 62, DW III, 56ff.)

*1.5. Man soll einen **wesenhaften** gegenwärtigen Gott haben.*
Gott ist nicht das Erkenntnisideal elitärer Rationalität oder frommer Bewusstseinsideologie, das Genüge hat am in sich selbst saturierten Gedachten; nein, Gotteserkenntnis bricht ein in das Wesenhafte: „Der Mensch soll nicht haben, noch (sich) genügen lassen an einem *gedachten* Gott; denn wenn der Gedanke vergeht, so vergeht auch der Gott. Man soll vielmehr einen *wesenhaften* Gott haben, der weit erhaben ist über die Gedanken des Menschen und aller Kreatur." (RdU 6, DW V, 205,5-9)

Gott ist nicht Garant des Eigennutzes: „(M)anche Leute wollen Gott mit den Augen ansehen, mit denen sie eine Kuh ansehen und wollen Gott lieben, wie sie eine Kuh lieben. Die liebst du wegen der Milch und des Käses und wegen deines eigenen Nutzens. So halten es alle jene Leute, die Gott um äußeren Reichtums oder inneren Trostes willen lieben; die aber lieben Gott nicht recht, sondern sie lieben ihren Eigennutz." (Pr. 16b, DW I, 274,1-6). Der von dem Einen Gehaltene und Erkannte und so Erkennende wird zur Nüchternheit gebracht. Er bedarf keiner *Eingebungen*, trügender Visionen oder ekstatischer Phänomene. Vielmehr kommt er zur realen Analyse unrealer Utopien. „Alles, was vergangen und was zukünftig ist, das ist Gott fremd und fern." (BgT, DW V, 44,5f.). Entscheidend ist: „Wer da in Gott wohnt, hat gute Wohnung bezogen (*wol gehûset*) und ist ein Erbe Gottes, und in wem Gott wohnt, der hat würdige Hausgenossenschaft bei sich." (Pr. 10, DW I, 167,10-168,1)

2. Unum, der Eine

*2.1. Der **eine** Beginn*
Konzentration auf den *Einen* gilt. Der Mensch lebt aus *einem* wirklichen Grund. Dieser Grund, aus dem er lebt, ist, der *theo*logisch-ontologisch freigesetzt: „alle Dinge sind unser eigen in ihm (sc. Gott)." (Pr. 5 a, DW I, 81,4f.) „Der Mensch sollte werden ein Gott suchender in allen Dingen und Gott findender Mensch zu aller Zeit und in allen Stätten und bei allen Leuten in allen Weisen. In diesem mag man alle Zeit ohne Unterlass zunehmen und wachsen und niemals an ein Ende des

Zunehmens kommen." (RdU 22, DW V, 289,12-290,3). Relation zu dem Einen macht den Menschen zu Menschen.

„*Ein ist begin âne allen begin.*" (BgT, DW V, 30,13f.) Das heißt: „Eines mit Einem, Eines von Einem, Eines in Einem und in einem Eines ewiglich. Amen" (VeM, DW V, 119,6f), denn „*ein in einem minnet got*" (BgT, DW V, 46,15).

Im „*einvaltig ein* [...] gebiert der Vater seinen Sohn im innersten Quell. Dort blüht aus der Heilige Geist" (Pr. 5 b, DW I, 93,7-94,1). „Alles, was Gott wirkt, das ist Eins; darum gebiert er mich als seinen Sohn ohne jeden Unterschied." (Pr. 6, DW I, 110,1f.). Richtig sagt Largier (EW I, 803): „Das *einfaltig ein* koinzidiert mit dem *grunt* und drückt [...] aus, wo die Gottesgeburt stattfindet als *unum esse indivisum dei et animae*".

„Eines ist Beginn ohne allen Beginn. Gleichheit ist Beginn von dem Einen allein und nimmt, dass sie ist und dass sie Beginn ist, von dem und in dem Einen." (BgT, DW V, 30,13-15) Eckhart sagt mit 2. Kor. 3,18: „‚Wir werden zugleich (*alzemâle*) transformiert in Gott und verwandelt.'" (Pr. 6, DW I, 110,8)

2.2. Gott der eine Grund

Gott ist der grundlose Grund von allem. „[...] alle unsere Vollkommenheit und [...] Seligkeit liegt daran, dass der Mensch *durchgange* [...] alle Geschaffenheit und [...] Zeitlichkeit und alles Sein und gehe *in den grunt, der gruntlôs ist*." (Pf., 619,25-28). Gott ist *causa essentialis, universalis causa entis* (Quaest. Paris. 1, LW V, 46,2).

2.3. Gott ist Vater und Mutter aller Dinge

„Gott", so Eckhart, ist „nicht nur ein Vater aller guten Dinge [...], sondern: er ist auch eine Mutter aller Dinge; denn er ist darum ein Vater, weil er eine Ursache ist aller Dinge und ein Schöpfer. Er ist auch eine Mutter aller Dinge, denn wenn die Kreatur von ihm ihr Sein nimmt, so bleibt er bei der Kreatur und erhält sie in ihrem Sein. Wenn etwas aus Gott fällt, das fällt aus seinen Sein in eine *nihtekeit*." (Pf., 610,29-36)

3. Das Sein und das Nichts

3.1. Alle Kreaturen sind ein reines Nichts.
Wer den Einen verfehlt, fällt ins nichtige Nichts, denn „aller Kreaturen Sein und Leben hängt daran, dass sie Gott suchen und ihm nachjagen" (Pr. 79, DW III, 368,7f.). In diesem ist und bewährt sich *Menschheit*. Diese „ist im ärmsten oder verachtetsten Menschen ebenso vollkommen wie im Papst oder im Kaiser" (Pr. 25, DW II, 18,3f.). D. h.: „Alle Kreaturen sind ein reines Nichts. [...] Was kein Sein hat, das ist nicht. Alle Kreaturen haben kein Sein, denn ihr Sein hängt an der Gegenwart Gottes. Kehrte sich Gott nur einen Augenblick von allen Kreaturen ab, so würden sie zunichte." (Pr. 4, DW I, 69,8-70,4)

3.2. Gott ist der Ursprung und Sein gebende Eine.
Der Ursprung gebende Ursprung Gott ist das eigentliche Sein selbst. *Deus est esse* (Gott ist das Sein), das auch als *esse est deus* (Das Sein ist Gott) von dem einen Einen geprägt ist.

3.3. Alles Seiende hat sein Sein vom Ersten Sein.
Eckhart kennt ein *duplex esse: esse absolute* und *esse formale*. Das Sein aller Dinge ist unmittelbar vom ersten allumfassenden Grund. Vom Sein, durch das Sein, im Sein ist alles, es selbst ist nicht von anderem: Das Sein selbst, das esse *ipsum* ist Akt (*actus*), Wirklichkeit (*actualitas*), Vollendung (*perfectio*) aller. Das Sein ist Wirklichkeit von allem, die Wirklichkeit auch aller Formen. Die erste formgebende Wirklichkeit ist das Sein. Gott ist das volle und erste Sein. Alles Seiende hat sein ganzes Sein, seine ganze Einheit, Wahrheit und Gutheit, von dem Ersten, und zwar unmittelbar, ohne Mittel, ohne Vermittlung. Das Erste (sc. Gott) duldet kein Mittleres.

3.4. Gott ist ein Sein und Gott ist ein Nichts.
„Got ist ein niht, und got ist ein iht [= etwas]. *Swaz iht ist, daz ist ouch niht.*" (Pr. 71, DW III, 223,1f.) „Gott ward geboren in dem Nichts." Er ist, „wo alle Kreatur nichts sind." Alle Kreaturen sind „ein Nichts,

denn er (Gott) hat aller Kreaturen Sein in sich. Er ist ein Sein, das alles Sein in sich hat." (Pr. 71, DW III, 224,7-225,4) „Gott ist nichts als Gott." (Pr. 71, DW III, 225,11f.) „Gott ist nichts; nicht so, dass er ohne Sein wäre: er ist weder dies noch das, was man auszusagen vermag. Er ist ein Sein oberhalb allen Seins. Er ist ein seinsloses Sein (*wesen we sêlos*)." (Pr. 82, DW III, 431,2-4)

*3.5. Gott ist kein Seiendes, kein **esse rerum**. Gott ist Gott.*

Darum „kommt Gott nicht Sein (*non esse*) zu". Er „ist kein Seiendes (*nec est ens*), sondern er ist etwas Höheres als das Seiende." (Quaest. Paris. 1, LW V, 47,14f.). Gott kann nicht Seiendes sein, weil er „die Ursache alles Seins (*causa omnis esse*)" ist (Quaest. Paris. 1, LW V, 48,2f.). Das entspricht der biblischen Selbstprädikation Gottes von Exodus 3,14 *„Ich bin, der ich bin"*, dass „Gott alles in sich enthält in Reinheit, Fülle und Vollkommenheit" (Quaest. Paris. 1, LW V, 48,6-8). Es muss so vom Sein Gottes geredet werden, dass exklusiv vom Sein *Gottes* die Rede ist.

*3.6. Das **esse rerum** (Sein der Dinge) ist von sich aus nicht fähig, über Gott etwas auszusagen.*

Gott kann nicht vom *esse rerum,* vom In-der-Welt-Sein, her ontologisch konstruiert werden. Wer hier ursprünglich *theo*logisiert, Sein Gottes zu finden meint, ist auf falscher Fährte. *Creatura in se* (Schöpfung in sich) führt nicht zum Erkennen Gottes, sondern ist fundamentale Störung, untauglicher Gegenentwurf, am bloßen nichtigen Nichts ausgerichtete Orientierung, also destruierend nichtig.

3.7. Gegenwärtigkeit des Seins

„Vergangenes und Zukünftiges sind als solche nicht in Gott und Gott ist nicht in ihnen, wie nicht Sein in ihnen ist." (In Sap. n. 33, LW II, 354,4f.) Nachdrücklich plädiert Eckhart für die Erkenntnis von Sein in der Gegenwart und warnt vor reaktiven Fluchtwegen in die Vergangenheit und nichtigen utopischen in die Zukunft. Erfahrung von Sein, Erkenntnis Gottes, ermöglicht durch präsentisch Ereignis werdende inkarnatorische Gottesgeburt in der Seele, gebietet dem *Jetzt* standzuhalten. Jeder Schritt nach hinten oder nach vorne erscheint ihm als Relativierung und unzulässiges Ausweichen.

Eckhart verkennt die geschichtliche und eschatologische Dimension der gegenwärtigen Erfahrung und Erkenntnis von Sein. Theologisch bedenklich äußert sich das in Eckharts Ungenügen in Bezug auf die geschichtliche Einmaligkeit des durch Gott in Jesus Christus Geschehenen.

4. Die Gottesgeburt – Eckharts Kerngedanke

4.1. Erkennen geschieht durch die Gottesgeburt in der Seele.

Wie aber kommt es zur Erkenntnis des Seins, zur Erkenntnis Gottes? Empedokles lehrt: Erkenntnis geschieht auf Grund des Gleichen, Nichterkennen infolge des Ungleichen. So wird Einheit, Idealität zwischen Sein und Erkennen gebaut. Empedokles nahm die göttliche Natur der Seele an. Für Eckhart sind die Prinzipien des Seins und des Erkennens identisch. Das bedeutet in Bezug auf die Gotteserkenntnis: *Gott kann nur durch Gott erkannt werden.*

Hier nun bewährt sich der Eckhartsche *Kerngedanke* von der *Gottesgeburt in der Seele*: „Der Vater gebiert seinen Sohn in der Ewigkeit sich selbst gleich. ,Das Wort war bei Gott, und Gott war das Wort' (Joh. 1, 1): Es war dasselbe in derselben Natur. [...] Er hat ihn geboren in meiner Seele. Nicht allein ist sie bei ihm und er bei ihr als gleich, sondern er ist in ihr; und es gebiert der Vater seinen Sohn in derselben Weise, wie er ihn in Ewigkeit gebiert und nicht anders. Er muss es tun, es sei ihm lieb oder leid. Der Vater gebiert seinen Sohn ohne Unterlass, und ich sage mehr: Er gebiert mich als seinen Sohn und als denselben Sohn. [...] Er gebiert mich nicht allein als seinen Sohn; [...] er gebiert mich (als) sich und sich (als) mich und mich als sein Sein und als seine Natur. Im innersten Quell, da quelle ich aus dem Heiligen Geist, da ist *ein* Leben und *ein* Sein und *ein* Werk. Alles, was Gott wirkt, das ist Eins; darum gebiert er mich als seinen Sohn ohne jeden Unterschied." (Pr. 6, DW I, 109, 2-110,2).

„Wie gebiert der Vater seinen Sohn in der Seele? Nicht wie die Kreaturen tun in Bildern und Gleichnissen. Nein [...] vielmehr ganz in der Weise, wie er in der Ewigkeit gebiert, nicht minder und nicht mehr. Nun denn, *wie* gebiert er ihn *da*? Gebt Acht! Seht, Gott der Vater hat eine vollkommene Einsicht in sich selbst und ein abgründiges volles Erkennen seiner selbst durch sich selbst, nicht durch irgendein Bild. So denn gebiert Gott der Vater seinen Sohn in wahrer Einheit der göttlichen Natur. Seht, in der gleichen Weise und keiner anderen gebiert Gott der Vater seinen Sohn *in der Seele* Grunde und in ihrem Sein und vereinigt sich so mit ihr." (Pr. 101, DW IV,1, 350,85-352,92). Die Seele wird zum Ort des gebärenden Wirkens Gottes, weil Gott selbst mit dieser Geburt Vollkommenheit, Licht, Gnade und Seligkeit in derselben schafft.

4.2. Im Grunde der Seele ereignet sich die Gottesgeburt.
„[...] diese ewige Geburt in der Seele geschieht ganz in der Weise, wie sie geschieht in der Ewigkeit [...]; denn es ist eine Geburt, und diese Geburt geschieht im *Sein* und im *Grunde* der Seele." (Pr. 103, DW IV,1, 407,3-6)

Viele Namen gebraucht Eckhart für den Grund der Seele: *bürgelîn, castellum, custodia, vünkelîn, scintilla animae, vunke, huote, houbet, abgrund, daz etwaz der Seele, innerste und innigste der Seele, vernunftikeit, intellectus, der ‚man' der Seele, oberster und edeler Teil der Seele, oberste und edele Kraft der Seele, das hoehste der Seele, mens, gemvote, zwîc* und andere. (Vgl. DW I, 575f; DW II, 878-880; DW III, 667f.)

4.3. Das „etwas" der **Seele***, dieser Grund der Seele ist wie Gott* **innominabilis** *und* **unsprechelich***.*
Asketische Werke können das „Fünklein der Seele" nicht errichten. Allein die göttliche Gnade gilt hier. „Das Fünklein der Vernunft, das ist das Haupt in der Seele, das heißt der ‚Mann' der Seele und ist so etwas wie ein Fünklein göttlicher Natur, ein göttliches Licht, ein Strahl und ein eingeprägtes Bild göttlicher Natur. [...] Die erste Gabe, die Gott gibt, das ist der Heilige Geist, in dem gibt Gott alle seine Gaben: das ist ‚das lebendige Wasser. Wem ich das gebe, den dürstet nimmermehr'

[Joh. 4,10.13]. Dieses Wasser ist Gnade und Licht und entspringt in der Seele und entspringt drinnen und dringt empor und ‚springt in die Ewigkeit' [Joh. 4,14]." (Pr. 37, DW II, 211,2-212,3)

4. 4. Die beiden Werke des Seelenfünkleins
„Das Fünklein der Seele, das geschaffen ist von Gott und ein Licht ist, von oben eingedrückt" und als „*sinderesis*, das heißt soviel wie ein Verbinden und ein Abkehren", hat es „zwei Werke": 1. „verbissene Abwehr gegenüber allem, was nicht lauter ist" und 2. beständiges Locken zum Guten. (Pr. 20 a, DW I, 332,3-334,4)

4.5. Die Seelen existieren zwischen Einem (Ewigkeit) und Zwei (Zeit).
„(D)ie Seele ist gemacht inmitten zwischen Einem und Zweien. Das Eine ist die Ewigkeit, die sich allezeit alleine hält und einförmig ist. Die Zwei, das ist die Zeit, die sich wandelt und vermannigfaltigt." (Pr. 32, DW II, 133,1-134,1). „Mit ihren obersten Kräften berührt die Seele die Ewigkeit, das ist Gott, mit ihren niederen Kräften [...] die Zeit und ist damit dem Wandel unterworfen und dem Körperlichen zugeneigt" (DW II, 134,2-4). Memoria (*enthalten diu kraft, gehugnisse*), *intellectus* (*verstendikeit, bekantnisse*) und *voluntas* (*wille*) nennt Eckhart in der Regel die obersten Seelenkräfte. „Mit den obersten Kräften berührt die Seele Gott; dadurch wird sie nach Gott gebildet." (Pr. 32, DW II, 135,6)

4.6. „Gnade machet die Seele gotvar [Gott durchströmt]." (Pf., 599,6f.)
„Die Gnade tut nichts als ein *widerbilden unde tragen in got*. [...] Gott und der Seele Grund und Gnade *hoerent in ein*." (Pf., 599,5-7)

4.7. Sohn-Sein ist die wahre Bestimmung des Menschseins.
Entscheidend ist, „dass diese Geburt geschehe, dass der Sohn geboren werde in mir." (Pf., 28,26-28)

4.8. Lust und Freude
Gott bewirkt, dass alle Dinge *lustlich* laufen zu ihrem Ursprung. Gottes Freude ist die Gottesgeburt in der Seele. „Es ist ihm (Gott) *lust-*

lich, dass er seine Natur und sein Wesen [...] *giezende ist* in die Gleichheit, da er die Gleichheit selbst ist." (Pr. 12, DW I, 200,1-3)

4.9. Authentisches produktives Ich qua Gottesgeburt in der Seele
Ich ist die „Bezeugung eines Seienden." (Pr. 77, DW III, 339,6) Das Ich ist das *purum esse*. Gott ist Ich, weil er das *purum esse* und *pura substantia* ist. „Ego", das Wort „Ich" „ist niemandem eigen als Gott allein in seiner Einheit". (Pr. 28, DW II, 68,4f. Der Mensch kann von sich aus nicht Ich sagen. Es ist ihm *unaussprechlich*. *Abnegare* desselben ist notwendig. Das macht der Demütige. Nur im Einssein mit Gott kommt das Ich dazu unverdeckt, selbst zu sein. Das geschieht durch die Gottesgeburt in der Seele. Eckharts Nein gilt dem selbstischen Ich-Eigenen, jedoch nicht dem durch das Erkennen des Einen konstruktiven Ich. Das Ich wird bei Eckhart nicht destruiert, sondern *theologisch produktiv konstruiert*.

4.10. Aus unserem Eigenen von innen her wirken qua Gottesgeburt
Das Zu-unserem-Eigenen-kommen und Produzieren korreliert und west fundamental dem Alle-Dinge-aus-seinem-Eigenen wirkenden Gott. „Alle Dinge sind mir gleich eigen in ihm (Gott); und wenn wir zu dem eigenen Eigenem kommen sollen, dass alle Dinge unser Eigen seien, so müssen wir ihn in allen Dingen gleich nehmen" (Pr. 5 a, DW I, 81,7-9).

5. Intelligere, Erkennen

5.1. Vernunft dringt ein in den Grund.
Die Vernunft „bricht ein in den Grund, wo Gutheit und Wahrheit ausbrechen, und nimmt es (sc. das göttliche Sein) *in principio*, im Beginn, da Gutheit und Wahrheit ihren Ausgang nehmen, noch ehe es irgendeinen Namen gewinnt, ehe es ausbricht, in einem viel höheren Grunde als es Gutheit und Weisheit sind. [...] dem Willen, dem genügt es wohl an Gott, sofern er gut ist. Die Vernunft aber, die scheidet dies alles ab und dringt ein und bricht durch in die Wurzel, wo der Sohn ausquillt und der Heilige Geist ausblüht." (Pr. 69, DW III, 179,5f.-180,2)

5.2. Der Tempel ist die Vernünftigkeit Gottes.

„Wenn wir Gott nehmen in dem Sein, so nehmen wir ihn in seinem Vorhof, denn das Sein ist sein Vorhof, in dem er wohnt. Wo ist er denn in seinem Tempel, in dem er als heilig erglänzt? Vernunft ist der Tempel Gottes. Nirgends wohnt Gott eigentlicher als in seinem Tempel, in der Vernunft, wie der andere Meister sprach, dass Gott ist eine Vernunft, die da lebt im Erkennen einzig ihrer selbst, nur in sich selbst bleibend dort, wo ihn nie etwas berührt hat; denn da ist er allein in seiner Stille. Gott erkennt im Erkennen seiner selbst sich selbst in sich selbst." (Pr. 9, DW I, 150,1-7). Gott ist *intellectus purus* (In Gen. I n 168, LW I, 314,4), in seinem Sein *totale intelligere* (Quaest. Paris. 1, LW V, 37-48).

5.3. Eckhart unterscheidet zwei Begriffe von Vernunft.

„Insofern die Vernunft sich, wie der Wille auf das Gutsein, auf die Wahrheit bezieht, ist sie Vermögen der Seele und in ihrer Verwirklichung Einheit von *intellectus agens* und *intellectus possibilis* im Vollzug ihres Erkennens, das die Dinge auf ihre wahren Ursachen zurückführt. Die Vernunft erkennt so naturhaft [...]. In dieser Form geht die Vernunft als der Aspekt des Erkennens auf im Seelenternar *memoria – intellectus – voluntas*, der sich bildhaft verhält zum trinitarischen Leben der Gottheit." Überboten wird die naturhafte durch die gnadenhafte Vernunft, die „mit der *essentia animae*, dem Grund der Seele verschmilzt", da sie „die Leere, die reine Möglichkeit zum Ausdruck bringt, die der Mensch" als Abgeschiedener wird. (Largier EW I, 850). Hier ist Vernunft „*lieht der gnâde*" (Pr. 73, DW III, 262,1). Ist die Vernunft „reine Möglichkeit, spricht sich Gott gnadenhaft in sie und gebiert seinen Sohn in ihr. Der Mensch wird im Seelengrund insofern [...] sich Gott in ihm ausspricht, zum Sohn, als Gott seine ganze Gottheit in ihm ausspricht. Vernunft als mögliche Vernunft bezieht sich somit als Möglichkeit des Geboren-Werdens aufs Geboren-Sein des Menschen." (Largier, EW I, 850)

5.4. „Erkennen ist eine Grundfeste alles Seins" (Pr. 71, DW III, 229,6)

„(W)enn in Gott etwas ist, das du Sein nennen willst, so kommt es ihm zu durch das Erkennen (*intelligere*)." (Quaest. Paris. I n. 8, LW V,

45,4f.) Erkenntnis ist für Eckhart Grundlage alles Seins. Die *intellektuale* Einung mit Gott in der Gottesgeburt ist „Verleihung der Fülle des Seins" (Largier, EW I, 852). Indem Gott mich in der Seele als seinen Sohn gebiert, wird Erkenntnis des Einen, des verursachenden Seins, d.h. Gottes, möglich, kann Gott durch Gott erkannt werden. Gott erkennt sich in mir selbst durch sich selbst. So kommt es zum Erkennen überhaupt. „Wenn aber die Seele erkennt, dass sie Gott erkennt, so gewinnt sie zugleich Erkenntnis von Gott und von sich selbst" (VeM, DW V, 117,27f.) und von der Kreatur: „Man muss [...] wissen, dass diejenigen, die Gott unverhüllt erkennen, mit ihm auch die Kreaturen erkennen" (VeM, DW 116,9f.).

5.5. „Gott und ich, wir sind (sc. im Erkennen) eins.
Durch das Erkennen nehme ich Gott in mich hinein" (DW I, 113,7f.)
„(D)er Mensch, [...] der [...] Gott schaut, weiß so auch und erkennt auch sich als erkennend" (VeM, DW V, 116,21f).

5.6. Kein Gegensatz von Glauben und Erkennen, philosophischem und theologischem Denken
Der Erkennende ist Erkennender, „weil er Eins ist und Gott und Kreatur im Einen erkennt" (VeM, DW V, 116,17-19). Da das Erkennen Gottes ist, gibt es keine Grenze des Erkennens, keine Einschränkung, keine (fideistischen oder anderen) Zäune, die das Feld des Erkennens abzäunen oder gefährden könnten. Wer Gott erkennt, wird in das Grenzenlose, in die Weite gestellt. Der offene Horizont, die im Ursprung geankerte Weite, das Hineingestelltwerden in unendliches Feld, das notwendige Überschreiten alles sklavisch Geworfenen, Harmlosen, an die Zeit Verspielten, die herrliche Ungebundenheit und Freiheit des Ursprungs sind Kennzeichen des Erkennens.

5.7. Intellectus ist „unbegrenzte Offenheit".
Intellectus (vernunft, vernünftigkeit) ist *unbegrenzte Offenheit*, nicht selbsteigene Mächtigkeit des Menschen, sondern „ein von sonstiger menschlicher Erkenntnis und Erfahrung und ihren Mitteln unabhängiges,

in der Gnade unmittelbar [...] geschenktes Aufleuchten der Wesenheit Gottes"³³.

6. Differenz zwischen Gott und Mensch

6.1. Gott ist Gott und der Mensch ist Mensch.
Eckhart kennt die Differenz zwischen Mensch und Gott. „Nun sind alle Dinge in Gott gleich und sind Gott selbst" (Pr. 12, DW I, 199,6), aber: „Gott ist *in* allen Kreaturen, sofern sie Sein haben, und ist doch *darüber*. [...] Was da in vielen Dingen Eins ist, das muss notwendig *über* den Dingen sein." (Pr. 9, DW I, 143,1-143,4) Gleichheit ist bei Eckhart im Verhältnis Gott - Kreatur ein Relationsbegriff, der die kritische Differenz kennt. Zwar muss der Mensch Gott gleich werden, aus epistemologisch-ontologischen Gründen: Gleiches kann nur durch Gleiches erkannt werden, Gott muss durch Gott erkannt werden. Das involviert gerade nicht autochthone Vergöttlichung des Menschen und des Kreatürlichen oder menschlicher und kreatürlichen Qualitäten. Gott, der in vielen Dingen Eine, bleibt der Setzende. Gott bleibt Gott. Er wird nicht zum ideologischen Schemen menschlicher Ideale und Projektionen Das Seelenfünklein im Menschen ist nicht anthropologisch baubar und verfügbar. „Die Seele erkennt von außen her, Gott erkennt in sich selbst durch sich selbst, denn er ist ein Ursprung aller Dinge, und zu diesem Ursprung verhelfe uns Gott ewiglich." (Pr. 23, DW I, 409,1-3)

6.2. Zeit und Ewigkeit
Gott ist auf *aeternitas*, die *creatura* auf *tempus* orientiert. Der Himmel ist *causa temporis*. Zeitlichkeit des *esse rerum mutabilium* der Seele als Ort zw. Zeit und Ewigkeit inhäriert das *Warum*. Konstituiert wird die Zeit durch *nunc aeternitatis* und die Seele. Erfüllt ist die Zeit in Christus.

*6.3. **Similis** und **dissimilis**, Ähnlichkeit und Nicht-Ähnlichkeit*
Gott in seiner *Ununterschiedenheit*, in seinem Einssein, setzt Leben

und Sein der Kreaturen, der ihm differenten *Unterschiedenheit*. Es gilt zwar: „Die Schöpfung ist Gott ähnlich, weil in Gott und Schöpfung ein und dasselbe ist" (In Exod. n 126, LW II, 117,9f.). Aber das Ähnlichsein der Kreatur in Bezug auf Gott ist nicht kreatürlich, sondern von Gott gesetzt. Deshalb gilt neben dem *similis* das *dissimilis*: Die Schöpfung ist Gott nicht ähnlich, weil dasselbe bei Gott und Kreatur unter je anderer *ratio* bei Gott und Geschöpf (In Exod. n 126, LW II, 117,20) ist.

6.4. Weiselos

„Denn Gott hat der Menschen Heil nicht an irgendeine besondere Weise gebunden." (RdU 17, DW V, 251,10f.) Entscheidend ist die gegenseitige Verwiesenheit der vielen guten Weisen. „Was eine Weise hat, das hat die andere nicht" (RdU 17, DW V, 251,11f.). „Nicht kann ein jeglicher nur eine Weise haben, noch ein Mensch alle Weisen noch eines jeden Weise haben." (RdU 17, DW V, 252,6-8) Das ist keine Laisser-faire-Haltung. Vielmehr ergreife ein jeder seine ihm zukommende *gute Weise*, in der und durch die er korrelativ mit den anderen guten Weisen verbunden ist. „Ein jeder behalte seine gute Weise und beziehe darin alle Weisen ein und ergreife in seiner Weise alles Gute und alle Weisen." (RdU 17, DW V, 252,9f.)

6.5. Kein elitärer theophaner Ort

Die Prägung durch den Einen verbannt nicht an und errichtet nicht den exklusiven weltfernen sakralen Ort. „Ich wurde gefragt: Manche Leute zögen sich streng von den Leuten zurück und wären immerzu gern allein, und daran läge ihr Friede und darin, dass sie in der Kirche wären (und) ob dies das Beste wäre? Da sagte ich: Nein." (RdU 6, DW V, 200,10-201,2) Gott ist vielmehr Gott „in allen Stätten und auf der Straße und bei allen Leuten ebenso gut wie in der Kirche oder in der Einöde oder in der Zelle" (RdU 6, DW V, 201,6f.).

6.6. Kardinaldistanz zwischen Gott und Kreatur

Diese ist (1.) ontologisch (Fülle des göttlichen Sein – kreaturhaften Seins), (2.) epistemologisch (göttlicher *intellectus* – naturhaftes Erkennen), (3) moralisch (Unterschied zwischen göttlichem und menschlichen Tun), (4) in der Ewigkeit – in der Zeit (5) in Einssein und Vielheit, (6) lokal (Nichort – Verortung), (7) modal (Weise – weiselos).

7. Strenge Implikationen und Folgen aus der Erkenntnis des Einen, Transzendentalien und Tugenden

7.1. Das Gute, Wahre, Eine, Gerechte, Weisheit (Transzendentalien)
Transzendentalien (*ens, unum, verum, bonum, iustum*), sind, da Gott das Sein ist, mit Gott eins. (Vgl. Largier EW II, 754ff.) „Im gebornen Gerechten ist die Gerechtigkeit [...] in univoker Weise" (Largier EW II, 757). „Der Gute und die Gutheit sind nichts als *eine* Gutheit, in allem eins, abgesehen von Gebären und Geboren-Werden; doch ist das Gebären der Gutheit und das Geboren-Werden in dem Guten völlig *ein* Sein, *ein* Leben." (BgT, DW V, 9,12-15)

7.2. Gerechtigkeit
„Ferner ist zu bemerken, dass der Gerechte als solcher von der Gerechtigkeit allein sein ganzes Sein hat und empfängt und (darum) im eigentlichen Sinn der von der Gerechtigkeit gezeugte [...] Sohn ist und dass die Gerechtigkeit, und sie allein, der Erzeuger oder den Gerechten zeugender Vater ist. [...] in der Rechtfertigung des Sünders, ja [...] in jedem Akt der Gerechtigkeit (geschieht) *imago et expressio trinitatis*." (In Sap. n. 64, LW II, 392,10-393,1) „(I)n jedem Akt [...] der Gerechtigkeit [...] widerstrahlt der zeugende Vater, der gezeugte Sohn und der hervorgehende Heilige Geist, oder besser: zeugt der Vater, wird der Sohn gezeugt und geht die Liebe, der Heilige Geist, hervor, und so ‚sind die Werke der Trinität ungeteilt'." (In Sap. 67, LW II, 395,1-4)
„Im Gerechten soll nichts wirken als Gott allein." (Pr. 39, DW II, 259,4) „(D)es Gerechten Seligkeit und Gottes Seligkeit ist *eine* Seligkeit, weil der Gerechte da selig ist, wo Gott selig ist." (Pr. 39, DW II, 257,2f.). Gerechter Mensch ist, „der alle geschaffenen Dinge zunichte gemacht hat und gradlinig ohne alles Auslugen auf das ewige Wort hin gerichtet

steht und darein eingebildet und wiedergebildet in der Gerechtigkeit. Ein solcher Mensch empfängt dort, wo der Sohn empfängt, und ist der Sohn selbst." (Pr. 16 b, DW I, 272,11-273,4)

7.3. Armut
Der durch das gebärende Wirken Gottes in der Seele geprägte Mensch erfährt in der Armut des Geistes die Abgeschiedenheit. „Das ist ein armer Mensch, der nichts *will* und nichts *weiß* und nichts *hat*." (Pr. 52, DW II, 488,5f.) Der durch die Armut des Geistes Geprägte als das der Freiheit, dem Ledigsein der Abgeschiedenheit nicht Entsprechende verlässt Sich-selber-Wollen, Sich-selber Versichern im Gewussten und habenden Verfügen.

Armut des Geistes führt zu radikalem Lassen und Ledigsein des Menschen, zu Entäußerung von sich selbst, die auch das scheinbare Paradoxon notwendig machen kann: Gott um Gottes willen zu entbehren (RdU 11, DW V, 225,3; BgT, DW V, 40,7f.; Pr. 52, DW II, 500,4ff.). Will der Mensch Gott eine Stätte des Wirkens errichten, setzt er noch Eigenes, ist er noch nicht ledig, arm, abgeschieden, so dass Gott in ihm sein (Gottes) eigenes Werk bauen und eigene Stätte werden kann, wo Gott sein Eigenes wirkt. Der in wahrer Abgeschiedenheit in der Armut des Geistes Lebende dagegen erfährt, dass der Mensch ein reiner Gott-Erleider und Gott ein streng In-sich-selbst-Wirkender ist. (Pr. 52, DW II, 501,1-4) „Das wahre Wort der Ewigkeit wird nur in der *einicheit* gesprochen, wo der Mensch seiner selbst und aller Mannigfaltigkeit verödet und entfremdet ist." (Pr. 103, DW V,1, 482,35-37)

7.4. Abgeschiedenheit ist die höchste Tugend.
Emphatisch singt Eckhart das Lied der höchsten Tugend der Abgeschiedenheit: „Ich habe viele Schriften gelesen sowohl der heidnischen Meister wie der Propheten, des Alten und Neuen Testamentes und habe [...] mit ganzem Eifer danach gesucht, welches die höchste und die beste Tugend sei, mit der der Mensch sich am meisten und allernächsten Gott fügen möge und mit der der Mensch von Gnade werden könne, was Gott von Natur ist [...]. Und wenn ich alle Schriften durchgründe,

was meine Vernunft erzeugen und erkennen mag, so finde ich nichts anderes, als dass lautere Abgeschiedenheit alles übertreffe" (Abg, DW V, 400,2-401,6). Exklusiv ist Abgeschiedenheit darin, dass alle anderen Tugenden außer ihr auf die Kreatur bezogen sind. Sie ist „ledig aller Kreaturen" (Abg, DW V, 401,7) und allein auf den Einen, auf Gott, ausgerichtet. „Abgeschiedenheit zwingt Gott, dass er mich liebe (Abg, DW V, 402,5). Auf das Wesen Gottes grundorientierte Abgeschiedenheit, bringt Gott zum abgeschiedenen Menschen. „Dass Abgeschiedenheit Gott zu mir zwingt, das beweise ich damit, dass ein jegliches Ding gern an seiner naturgemäßen eigenen Stätte ist. Nun ist Gottes naturgemäße eigene Stätte Einheit und Lauterkeit; das kommt von Abgeschiedenheit." (Abg, DW V, 403,1-4). Dem Nichts hinsichtlich des bestimmten Weltseienden entsprechen Gott und Abgeschiedenheit. „So bringt mich Abgeschiedenheit dazu, dass ich für nichts anderes empfänglich bin als für Gott." (Abg, DW 403,7f.).

*7.5. Gelassenheit macht den Menschen **ontologisch, epistemologisch** und **moralisch frei** von **selbstischer** soteriologischer **Selbstvergewisserung** und orientiert ihn ganz auf Gott.*

Gelassenheit ergibt sich aus der Konzentration auf den Einen. „Es kam einmal ein Mensch [...] und sagte, er habe große Dinge gelassen an Grundbesitz, an Gütern, um dessentwillen, dass er seine Seele rettete. Da dachte ich: Ach, wie wenig und Kleines hast du gelassen! Es ist eine Blindheit und Torheit, solange du darauf achtest, was du gelassen hast." (Pr. 28,DW II, 61,5-9) Solange Gelassenheit nicht mich selbst bestimmt, sondern ich meine Habe im Auge habe, stellt sich Gelassenheit nicht ein. „Lässt du es aber um des Hundertfältigen und um des ewigen Leben willen, so hast du nichts gelassen" (Pr. 28, DW II, 61,3f.). Entscheidend ist: „Du musst dich selbst lassen und ganz lassen, dann hast du recht gelassen." (Pr. 28, DW II, 61,5) „Hast du dich selbst gelassen, so hast du gelassen." (Pr. 28, DW II, 61,9f.).

Gelassenheit ist notwendig für Hören des Wortes Gottes. „Wer Gottes Wort hören soll, der muss völlig gelassen sein." (Pr. 12, DW I, 193,6f.) „Der allen seinen Willen gelassen hat, dem schmeckt meine

Lehre und der hört mein Wort." (Pr. 10, DW I, 170,4f.)

Gelassenheit ist wie Armut und Abgeschiedenheit ontologisch, erkenntnistheoretisch und moralisch dimensioniert. „Der Mensch stellt in der Gelassenheit sein Sein (er ist nichts), sein Erkennen (er weiß nichts)" und Handeln (er will nichts) „ganz Gott anheim und verzichtet auf jede kreaturhafte Selbstversicherung kraft seiner Intentionalität oder seiner vernunfthaften Repräsentation der Welt." (Largier, EW I, 960)

7.6. Von Gott durch Gott lassen

„Es ist kein Rat so gut, Gott zu finden, wie der, dass man [von] Gott lässt." (RdU 11, DW V, 225,3) Ist Gott Gegenstand des eigenen Werkes, Erkennens und Wollens des Menschen, ist von Gott zu lassen. Der Gelassene ist der durch *Gott* von Gott lassende. „Darum sagt Sankt Paulus [Vgl. Röm. 9,3]: ‚Ich wollte ewiglich geschieden sein von Gott um meines Freundes und um Gottes willen'." (Pr. 12, DW I, 195,14f.). Das *Geschiedensein von Gott* heißt: „Das Höchste und das Äußerste, was der Mensch lassen kann, das ist, dass er Gott durch Gott lasse. Nun ließ Sankt Paulus Gott durch Gott; er ließ alles, was er von Gott nehmen konnte und ließ alles, das ihm Gott geben konnte, und alles, was er von Gott empfangen konnte. Als er dies ließ, da ließ er Gott durch Gott und da bleibt ihm Gott, so wie Gott in sich selbst seiend ist" (Pr. 12, DW I, 196,6-197,3).

7.7. Liebe

Konzentration auf den Einen, auf Gott, gefährdet nicht den Raum der Liebe, sondern eröffnet produktiv diese. „Wäre der Mensch so in Verzückung, wie es Sankt Paulus war, und wüsste einen kranken Menschen, der eines Süppleins von ihm bedürfte, ich erachtete es für weit besser, du ließest aus Liebe von der Verzückung ab und dientest dem Bedürftigen in größerer Liebe." (RdU 10, DW V, 221,5-8). Gott ist der Verursacher der Liebe. „Er selbst verursacht in uns die Liebe und gibt uns die Liebe, durch die wir lieben." (Sermo VI,3 n. 65, LW IV, 63,9f.) Pr. 63 (DW III, 82,3-9) sagt: „‚Der in der Liebe ist, der ist in Gott, und er ist in ihm' (1 Joh. 4, 16). Wenn mich jemand fragte, wo Gott sei, antworte ich: Er ist überall. Wenn jemand fragte, wo die Seele sei, die in der Liebe ist, sagte ich: Sie ist überall. Denn Gott liebt, und die Seele, die in Liebe ist, die ist Gott, und Gott ist in ihr. Und da Gott überall ist und sie in Gott ist, so ist sie nicht halb in Gott und halb nicht. Und da Gott in ihr ist, so muss die Seele notwendig überall sein, weil der in ihr ist, der überall ist. Gott ist überall in der Seele, und sie ist in ihm überall. Gott ist ein Alles ohne alles [Einzelne], und sie ist mit ihm ein Alles ohne alles [Einzelne]." Darum ist „*ein* Lebemeister mehr *Wegweiser* als *tausend* Lesemeister" (Pf., 599,19f.).

8. Dasein aus dem Grund

8.1. Auf Ruhe ist der Mensch zielorientiert entworfen.

Die Einheit und Fülle Gottes können von Eckhart teleologisch auf die *Ruhe* fokussiert werden. Gott der Schöpfer hat die Geschöpfe teleologisch auf Ruhe hin kreiert. Die Ruhe ist Ziel 1. der trinitarischen Entfaltung Gottes, 2. der Schöpfung, 3. der Bewegung der Seele und 4. allgemein aller Kreatur. In der Trinität sucht Gott der Vater seine Ruhe in Verbund mit dem Sohn (in dem von ihm alle Schöpfung gebildet ist) und beide in dem Heiligen Geist (der vom Vater und Sohn als Liebe seinen Ausgang genommen hat). (Pr. 60, DW III, 11,4ff.) „Nicht alleine sucht der Schöpfer seine eigene Ruhe damit, dass er sie aus sich entworfen hat und an allen Kreaturen gebildet hat, sondern [er sucht zugleich], alle Kreaturen mit sich wieder in ihren ersten Ursprung, das in die Ruhe, (zurück)zuziehen." (Pr. 60, DW III, 13,5-14,1) „In der Stille und in der Ruhe [...] spricht Gott in die Seele" (Pr. 19, DW I, 317,4-6). „Fürwahr, der Mensch kann Gott nichts Lieberes bieten als Ruhe. Des Fastens, Betens und aller Kasteiungen achtet und bedarf Gott nicht im Gegensatz zur Ruhe. Gott bedarf nichts weiter, als dass man ihm ein ruhiges Herz schenke; dann wirkt er solche heimlichen göttlichen Werke [...], dass keine Kreatur dabei zu dienen oder zuzusehen vermag" (Pr. 60, DW III, 19,1-5). „So ist vollständig nirgends ganz Ruhe als alleine in dem abgeschiedenen Herzen. Deshalb ist Gott dort lieber als in anderen Tugenden oder in irgendwelchen Dingen." (Abg, DW V, 429,3-5)

8.2. Ledige Freiheit

Der in der Abgeschiedenheit durch die Ruhe Gottes geprägte und qua Gottesgeburt in der Seele zum Sohn qualifizierte Mensch existiert in *lediger Freiheit*. „Gott kommt in die Seele mit rechter Freiheit" (Pf. 348,40). Der sich dem Willen Gottes unterstellende „Mensch lebt nun in einer ledigen Freiheit und in einer lautern Entblößtheit, denn er hat sich keiner Dinge zu unterwinden noch anzunehmen [...]; denn, alles was Gott eigen ist, das ist sein eigen." (Pr. 15, DW I, 246,5-8) Freiheit ist exklusiv im Wesen Gottes begründet. „Gott sucht das Seine nicht; in allen seinen Werken ist er ledig und frei und wirkt sie aus rechter Liebe. Also tut auch der Mensch, der mit Gott vereint ist; der steht auch ledig und frei in allen seinen Werken und wirket sie allein Gott zu Ehren und sucht das Seine nicht, und Gott wirkt es in ihm." (Pr. 1, DW I, 9,3-6)

Gott gebiert ledige Freiheit. Aus der Einheit mit dem Einen, mit Gott, ergibt sie sich. Freiheit west aus dem *einen* Grund. Unbegrenzte Offenheit, Freiheit und Weite wird dem, der den einen Grund erkennt, zuteil. Er atmet die Freiheit Gottes, die ihm grenzenlose Freiheit und Gelassenheit eröffnet. „Gott zwingt den Willen nicht, er setzt ihn in Freiheit, so dass er nichts anderes will, als was Gott selber ist und was die Freiheit selbst ist. Und der Geist vermag nichts anderes zu wollen, als was Gott will; dies aber ist nicht seine Unfreiheit, es ist seine eigene Freiheit." (Pr. 29, DW II, 78,2-5)

8.3. Sein vor Haben und Tun

„Die Leute brauchten nicht so viel zu gedenken, was sie täten; sie sollten vielmehr bedenken, was sie wären. Wären nun die Leute gut und ihre Weise, so könnten ihre Werke hell leuchten. Bist du gerecht, so sind auch deine Werke gerecht. Bist du gerecht, so sind auch deine Werke gerecht. Nicht gedenke man Heiligkeit zu setzen auf ein Tun; man soll Heiligkeit setzen auf ein Sein [...]. Wie heilig die Werke immer sein mögen, sie heiligen uns ganz und gar nicht [...], sondern soweit wir heilig sind und Sein haben, so weit heiligen wir alle unsere Werke, es sei Essen, Schlafen, Wachen oder was immer es sei. Die nicht großen

Seins sind, welche Werke die wirken, da wird nichts daraus." (RdU 4, DW V, 197,6-198,7) Sein und nicht Haben macht den Menschen zum Menschen, also nicht: „*Hast* du was, dann bist du was", sondern: „*Bist* du was, dann *bist* du *Mensch*."

8.4. Wissen (und Erkennen) ist Glückseligkeit (*beatitudo*).

„Wissen (*nosse*) [...] ist *beatitudo* (Glückseligkeit), Wissen [...] durch Sein, Wissen, das Sein ist." (Sermo XLIV, 2 n. 442, LW IV, 370,1f.) „Glückseligkeit besteht in der Schau und in Erkenntnis Gottes." (In Gen. I n. 296, LW I, 433,1) „Seligkeit liegt daran, dass man *erkenne* und *wisse*, und es besteht ein nötiger Drang nach Wahrheit. Ich habe eine Kraft in meiner Seele, die ganz und gar für Gott empfänglich ist." (Pr. 68, DW III, 141,5-7). Das ist das *intelligere*, das Erkennen.

Das Glück liegt in der lebendigen Tätigkeit des Erkennens. Als Mensch *weiß* ich, dass „mein Sein daran hängt, dass mir Gott nahe und gegenwärtig ist" (Pr. 68, DW III, 142,2f.). Gott ist zwar auch einem Stein oder Holzstück nahe und gegenwärtig, „aber sie *wissen* es nicht. [...] Und darum ist der Mensch seliger als ein Stein oder ein Holz, weil er Gott *erkennt* und *weiß*, wie er ihm ist. Um soviel seliger bin ich, je mehr ich das *erkenne*, – und um soviel weniger bin ich selig, je weniger ich das erkenne. Nicht dadurch bin ich selig, dass Gott in mir ist, dass er mir nahe ist und dass ich ihn habe, sondern dadurch, dass ich erkenne, wie nahe er mir ist und dass ich um Gott wisse. Der Prophet spricht [...]: ‚Ihr sollt nicht *unwissend* sein wie ein Maultier oder ein Pferd' [Ps. 31,9]", ebenso Jakob: „ ‚Gott ist an dieser Stätte, und ich *wusste* es nicht.' [1. Mose 28,10] Man soll um Gott *wissen* und soll *erkennen*, dass ‚Gottes Reich nahe ist' [Mk. 1,15]." (Pr. 68, DW III, 142,3-13)

Das Erkennen des wahren wesenhaften Gottes qua Gottesgeburt ist der Grund dafür, dass der Mensch *homo beatus* (glücklicher Mensch) wird. Im Erkennen Gottes wird Glückseligkeit empfangen. Sie liegt im Empfangen, nicht im Handeln. „Unsere *beatitudo* besteht im Einen. Daher beseligen (*beatificant*) Vater, Sohn und Heiliger Geist, insofern sie eins sind." (In Ioh. n. 548, LW III, 478,7-9) Der Mensch wird in der

Gottesgeburt qualifiziert, auf den Sohn, den Logos, das Wort zu hören, in dem er selbst zum Sohn wird. Der auf das Wort Hörende ist der glückselige Mensch, der *homo beatus*. „Nun seht, dieser Mensch wohnt in *einem* Licht mit Gott; darum ist in ihm weder Leiden noch Folge, sondern eine gleichbleibende Ewigkeit. Diesem Menschen ist in Wahrheit alles Wunder abgenommen, und alle Dinge stehen wesenhaft in ihm. Darum empfängt er nicht Neues von künftigen Dingen, noch von irgendeinem Zufall, denn er wohnt in einem Nun, allzeit neu, ohne Unterlass." (Pr. 2, DW I, 34,5-35,2)

In der *beatitudo* werden die *Hülle des Guten*, der Wille, und die *Hülle des Wahren*, der Intellekt, überstiegen, und die Glückseligkeit wird in dem *bloßen Wesen der Seele* gesetzt (Sermo XI, 2 n. 120, LW IV, 115,2). Geschaffenes dringt in das *bloße Wesen der Seele* nicht ein, sondern allein Gott selbst. (Sermo XI, 2 n. 121, LW IV, 115,8). Einsicht in den grundlosen Grund Gottes qua Gottesgeburt ermöglicht die *beatitudo*. Die Glückseligkeit ist durch Reichtum und überströmende Fülle gekennzeichnet. Sechs Kennzeichen gelten: (1.) keine Grenzen, (2.) über allem Verdienst, (3.) Überstieg aller Hoffnung, (4.) über allem Erwünschten und Erhofften, (5.) jenseits alles menschlichen Erkennens und Begreifens und (6.) durch perfektes Leben. (Sermo XII,2 n 144, LW IV, 135,1ff.) Dem Menschen gilt Bescheidenheit hinsichtlich des Wissens um die Glückseligkeit: „Niemals aber kann man von der *beatitudo* so viel denken oder glauben, wie sie ist." (Sermo XXII n. 212, LW IV, 197,2f.)

8.5. Der Mensch soll ein „Gesicht des Friedens" sein.

Gott erkennen heißt: In den Frieden laufend im Frieden zu sein. „Nun erkennt die Seele Gott am aller Eigentlichsten, wenn sie läuft mit einem friedsamen Herzen, wenn sie im Frieden steht" (Pf., 213,29f.). Gottesgeburt in der Seele setzt Frieden. „Was aus Gott geboren ist, das sucht den Frieden und läuft in den Frieden. Darum sprach er [Christus]: ‚*vade in pace*, lauf in den Frieden' [Lk. 7,50]" (Pr. 7, DW I, 118,5-7.). Im-Einen-sein, In-Gott-sein und Im-Frieden-sein bedingen einander.

„Man soll laufen in den Frieden [...]. Gott will sagen: Man soll versetzt und hineingestoßen werden in den Frieden und soll enden im Frieden. Unser Herr sprach: ‚In mir habt ihr allein Frieden.' [Joh. 16,33] Genau so weit wie in Gott, so weit in Frieden." (Pr. 7, DW I, 117,8-118,3) „Der Mensch, der [...] in einem stetigen Laufe ist, und das in den Frieden ist, der ist ein himmlischer Mensch. Der Himmel läuft beständig um und in dem Lauf sucht er Frieden." (Pr. 7, DW I, 118,7-9) „Frucht des Geistes ist Liebe, Freude und Frieden." (BgT, DW V, 29,10f.) Daher sollte der Mensch „ein Gesicht des Friedens" (Pr. 44, DW II, 351,1f.) sein.

8.6. Daheimsein im Einen.

„Der in allen Stätten *dâ heime* ist, der ist Gottes würdig" (Pf. 598, 22f.). *Gegründete*, das Außen bestimmende *fruchtbare Innerlichkeit* macht den Ertrag, die Ernte des Werkes von Meister Eckhart aus. Diese gedeiht qua Gottesgeburt in der Erkenntnis des Einen, des grundlosen Grundes. Sie gebiert Lust am Leben und Glück. Offenheit und Weite, ledige Freiheit stellen sich ein, ebenso Liebe und Gelassenheit. Der Mensch wird zu einem *Gesicht des Friedens*. Er entdeckt sich im Modus des Seins und kehrt sich ab von den Versklavungen des Habens, der Kaufmannschaft. Wahrheit und Gutheit prägen. Erkennende Freiheit schafft ein ruhiges Herz.

Mit einem Wort einer Predigt Meister Eckharts zu Luk. 10, 38-40, das die Mitte dieses *Lebemeister* und *Lesemeister* wesentlich trifft, schließe ich: „Lausche auf das Wunder! Wie wunderbar: draußen stehen und drinnen, begreifen und umgriffen werden, schauen und das Geschaute selbst sein, halten und gehalten werden – das ist das Ziel, wo der Geist in Ruhe verharrt, in der Einigkeit mit der lieben Ewigkeit." (Pr. 86, DW III, 488,4-6).

Mystik im Hinduismus[34]

Michael von Brück

Zusammenfassung: Nach einigen allgemeinen Reflexionen zum Begriff Mystik im interkulturellen Kontext geht der Essay auf die „Mystik" im Hinduismus ein. Dabei unterteilt der Verfasser den Abschnitt über die schivaitische Mystik in Mythos- und Logos-Aspekte, den über die vishnuitische Mystik in Mythos- und Bhakti-(liebende Hingabe-)Gesichtspunkte. Es folgen Ausführungen zur Mystik im hinduistischen Tantrismus sowie im Vedānta.

Zur Person: Prof. Dr. Michael von Brück hatte bis zu seiner Emeritierung Ende des Sommersemesters 2014 den Lehrstuhl für Religionswissenschaft an der Ludwig-Maximilians-Universität München inne. Er ist evangelischer Theologe sowie Zen- und Yoga-Lehrer.

1. Einführung: Zum Begriff der Mystik

Mystik ist eine Erscheinung der europäischen Religionsgeschichte und darum nicht ohne weiteres auf andere Kulturen übertragbar. Dennoch ist die Übertragung unvermeidlich geworden, weil sich im interkulturellen Vergleich Menschen auf „mystische" Traditionen berufen, um miteinander ins Gespräch zu kommen. Das Eigentümliche von Mystik[35] besteht in mystischen Erfahrungen, die beanspruchen, Übersinnliches bzw. Transzendentes in sinnlich-konkreter Gestalt zur Anschauung zu bringen. Wirklichkeit wird dabei in überbegrifflicher Unmittelbarkeit so erlebt, dass ein andauerndes Gefühl unbedingter Freiheit für den Erfahrenden daraus folgt. Begrifflich entspricht dies dem Zusammenfall der Gegensätze in einer Einheit oder dem Ganzen, wie Nikolaus von Kues (1401–1464) formuliert, und genau dies kann logisch nicht widerspruchsfrei gedacht werden. Der Mensch erlebt die mystische Erfahrung meist mit selbstevidenter Gewissheit, weil das Subjekt der Erfahrung zeit-ewig in einem Ganzen aufgehoben ist und vollkommenen Frieden empfindet. Erfahrung in diesem Sinn ist *Partizipation* an einem Ereignis, nämlich dem Ereignis der *Repräsentation des Ganzen*.

Jede mystische Erfahrung ist subjektiv, sie bezieht sich aber auf eine transsubjektive Wirklichkeit. Daraus folgt die prinzipielle Pluriformität mystischer Erfahrungen. Um für das erfahrende Subjekt bewusst wahrnehmbar zu werden, müssen derartige Erfahrungen in einen Deutungskontext gestellt werden, ohne den keine bewusst wahrgenommene Erfahrung möglich wäre – ungedeutete Erfahrung kann es demnach nicht geben, mit anderen Worten ein Mystiker kann seine Erfahrung personal nur mittels der spezifischen Sprache und Bilder im Rahmen einer Tradition integrieren, in der er steht, wobei Mystiker selbstverständlich gleichzeitig an verschiedenen Traditionen partizipieren können. Ein Mystiker weiß also während bzw. nach der Erfahrung, dass er *entrückt* und nicht verrückt ist, allein durch intersubjektiven Bezug, d.h. auf die Traditionsdeutung in Interpretationsgemeinschaften bezogen. Nicht erst die soziale Vermittlung an andere, sondern bereits die Wahrnehmung mystischer Erfahrung stellt dieselbe in den Kontext von Deutung und Interpretation. Weil Deutungen intersubjektive Kommunikationsstrukturen voraussetzen, die eine bestimmte Rationalität implizieren, ist jede mystische Erfahrung, sofern sie sich subjektiv und intersubjektiv vermittelt, an die Rationalität, Symbolik und Kommunikationsmuster einer Tradition gebunden.

Mystische Erfahrungen können in unterschiedlicher Weise auf die religiöse Tradition Bezug nehmen: Sie können die Traditionsbilder und Überlieferungsprozesse *stützen*, indem sie spezifische Evidenz vermitteln, oder sie können traditionelle religiöse Bilder, Aussagen und Legitimationen kritisieren und stürzen, indem sie die Vorläufigkeit jeder Aussage, Denkform und religiösen Legitimationsstruktur angesichts des Unfasslichen zur Sprache bringen. In diesem Sinn ist Mystik die *Kritik an bestehenden Ordnungen, die sich verabsolutiert haben.* Weniger der je spezifische Inhalt als die *allgemeine Struktur* mystischer Aussagen ist transkulturell relevant: Jede Mystik zeigt die *Grenzen der Sprache* und die *Endlichkeit des Begriffs* auf; sie zwingt damit zur Relativierung der sozialen und religiösen Ordnungen. Auf diese Weise kann der Mystik ein anarchischer oder zumindest religionskritischer Charakter innewohnen.

2. „Mystik" im Hinduismus

Wenn man von „hinduistischer Mystik" spricht, sollte man bedenken, dass die europäische Begegnung mit Indien und die Begrifflichkeit in der Indologie und Religionswissenschaft im Zusammenhang mit dem geistigen Aufbruch der Romantik stehen.[36] Der Hinduismus war zunächst bekanntgeworden durch Briefe und Berichte von Missionaren, später durch systematische Studien, die von den Interessen des British Civil Service maßgeblich mitgeprägt wurden. Wir müssen nicht auf die Schlegels, Schopenhauer, Hegel, C. G. Jung, Hesse und auch Brecht verweisen, um behaupten zu dürfen, dass die europäische Begegnung mit Asien immer auch Selbstbegegnung war: Der kulturwissenschaftlich-distanzierten Auseinandersetzung ging die durch Identitäts- und Sinnsuche motivierte Ineinandersetzung voraus. Man war auf der Suche nach den geistigen Möglichkeiten, die verdrängt worden waren, und projizierte sie auf Indien, wobei die dortige Kultur dem Bedürfnis nach Ganzheit und meditationserfahrener Tiefe, nach „Mystik" also, zweifellos entgegenkam. Jede „Deutung" indischer Mystik geschieht also auch heute in einem Kontext europäischer Geistesgeschichte.

Indien hat bei der Beschreibung und Einordnung dessen, was wir „mystische Erfahrungen" nennen können, hochkomplexe rationale Denkformen hervorgebracht, die nicht als Gegensatz (wie oft in der europäischen Geschichte der Neuzeit), sondern als analytische Gegengewichte oder evokative Imperative zur mystischen Erfahrung gelten können. Indische Mystik ist ein komplexes Phänomen, weil der Hinduismus als die Religion der Mehrheit auf dem Subkontinent nicht eine einheitliche Religion ist, die philosophisch oder soziologisch auf einen einfachen Begriff gebracht werden könnte, sondern ein Gebilde verschiedener religiöser Erfahrungen und Sozialisationen darstellt, die sich im Lauf der Jahrtausende zu einem einzigartigen Geflecht verwoben haben, das wir Hinduismus nennen. Ich halte es dennoch für verfehlt, von mehreren Religionen zu sprechen, weil bestimmte Charakterzüge diese ansonsten durchaus pluriforme Welt einen, und diese Charakteristika sollen als heuristisches Prinzip dienen, um das zu erfassen, was wir oben mit „Mystik" angesprochen haben:

Das erste ist ein gewisser Zug zur *Entweltlichung*, zu einer Abkehr von der Welt, weil man das, was man sehen und anfassen kann, die Bäume, Tiere und Menschen, auch die leblose Materie, nur als äußere Form einer Wirklichkeit, die dahinterliegt, versteht, einer Wirklichkeit nämlich, die wesentlich ist, während das Greifbare nur als äußerer Ausdruck oder abgeleiteter Schein gilt. Als Vergleich kann uns ein Pilz dienen: Wenn wir nur die einzelnen Fruchtkörper betrachten, die über dem Erdboden sichtbar sind, sehen wir zwar etwas, nämlich individuelle Gegenstände, aber das ist nicht der Pilz. Der Pilz ist unsichtbar unter der Erdoberfläche verborgen. Er ist ein einziges Myzel, und die zunächst für richtig befundene Wahrnehmung einzelner Pilze erweist sich als falsch, denn es handelt sich in Wirklichkeit um ein Geflecht, eine einzige Wirklichkeit, einen Pilz, der sich in verschiedenen Ausdrucksformen – den sichtbaren Fruchtkörpern über dem Grund – manifestiert. In dieser indischen Wirklichkeitsauffassung ist alles Äußere, Individuelle, voneinander Getrennte, nur ein Gleichnis.

Zweitens aber gibt es in Indien auch eine Grundströmung, die ich als die umfassend *sakramentale Sicht der Wirklichkeit* bezeichnen möchte.[37] Sie hat sich in der Literatur der Tantras niedergeschlagen und fast alle verschiedenen philosophischen Systeme und religiösen Traditionen durchdrungen, auch den Buddhismus. Danach ist jedes Stück Materie, jede Form, sei es ein Atom, ein Molekül, ein Baum, ein Mensch, der gesamte Götterhimmel, die Wirklichkeit überhaupt, nichts anderes als eine „Kondensation" von Geist. Tantra besagt, dass in allem, was existiert, das eigentliche Wesen nichts anderes als göttlicher Geist ist. Alles, auch das, was Religionen als profan oder unrein oder die dunkle Seite bezeichnen, ist Ausdruck dieses einen Göttlichen, das durch Transformation, die in entsprechender Praxis geübt wird, zutage treten kann. Nach dieser Auffassung von Wirklichkeit geht es gerade nicht um Abwertung der materiellen Welt, sondern um Eintauchen in diese Welt und entsprechende Transformation des Bewusstseins, weil alles Ausdruck der einen göttlichen Kraft ist.

In dieser Spannung zwischen Distanz und Eintauchen in die Welt der Erscheinungen liegt die synthetische Kraft des Hinduismus begründet, aber auch anderer asiatischer Kulturen, denn über den Buddhismus sind auch China, Tibet, Süd-Ostasien und der Ferne Osten von dieser Wirklichkeitserfahrung mit geprägt worden.

Für das, was wir „hinduistische Mystik" nennen können, scheinen mir bei der gewaltigen Fülle sehr verschiedener Erfahrungen, Sprach- und Sozialisationsformen der hier zu behandelnden Phänomene sowie der unterschiedlichen Literaturen drei Merkmale typisch zu sein:

1. das Gespür für die Einheit aller Phänomene der Wirklichkeit bzw. die Erkenntnis, dass Gott in allem und alles in Gott ist;
2. die Gewissheit, dass höchste Seligkeit und Ziel des Lebens in der Vereinigung mit Gott oder dem Absoluten Wesen zu finden ist;
3. die alle Gegensätze integrierende spirituelle Erfahrung, die durch Übung und/ oder Gnade des Höchsten heranreifen muss, damit ebenjene Seligkeit der Vereinigung konkret schon hier und jetzt erfahren werden kann.

In den sehr verschiedenen indischen mythischen Traditionen und philosophischen Systemen kehren diese Merkmale je unterschiedlich angeschaut und reflektiert wieder. Das, was wir heute Hinduismus nennen, ist ja Produkt eines jahrtausendelangen Zusammenwachsens von indogermanischen, dravidischen und der im Industal beheimateten Zivilisationen, wobei noch das Element der Stammeskulturen hinzukommt, die vor allem lokale Traditionen geprägt haben und noch prägen. Wir können also kaum „die" Mystik des Hinduismus darstellen, sondern müssen uns auf einige repräsentative Strömungen beschränken.

3. Shivaitische Mystik

Ich möchte an einem Beispiel die erstaunliche Kohärenz von Mythos und Logos, von narrativer Tradition und philosophischem System, von vorvedischem und nachvedischem Religionsgut darstellen, und zwar anhand der Gestalt des Groß-Gottes (*mahesha*) *Shiva*, der eine Synthese der indischen Religionsgeschichte ist, die mystische Visionen und rationale Denkformen in Kult und Philosophie inspiriert hat.

Der Mythos

Im *Rig-Veda* (ca. 1500–1000 v. Chr.) erscheint dieser Gott als *Rudra*, der wilde Jäger, der aber gleichzeitig die menschliche Ernährung sichert, sich somit als milde erweist und durch Gebet und Opfer „leicht zugänglich" ist. Er jagt nicht nur, sondern behütet die Tiere auch, und so ist er von *Prajāpati*, dem Schöpfer, zum Herrn der Tiere, *Pashupati*, eingesetzt worden. Er trägt aber auch den Beinamen *Vāstupati* und ist Herr des häuslichen Ortes und auch der Seele des Menschen. Dieser Gott erzeugt durch willentlich gelenkte Aufmerksamkeit schöpferische Energie. So erzählt ein früher Mythos, wie er seinen Pfeil und Bogen gegen den Schöpfergott einsetzt und dessen jungfräuliche Tochter, die Morgenröte, begattet. Bei diesem Kampf fällt ein Teil des Samens des Schöpfergottes auf die Erde, und daraus entstehen die Wesen. Aus dem undifferenzierten Ganzen wird die Schöpfung, just in dem Augenblick, da in Gestalt des von ihm abgeschossenen Pfeiles die Zeit entsteht.

Es bedarf also der gezielten Anstrengung, um schöpferische Potenz zu aktivieren: *yoga*, die in Meditation erzeugte und für schöpferisches Wirken einzusetzende Energie (*tapas*), und *bhoga*, der sinnliche, geschlechtliche Genuss, werden bereits in diesen frühen Hymnen in Harmonie gesehen, wobei eins das andere nicht überspielen darf: *Shiva*, in den die Gestalt *Rudras* integriert worden ist, zerstört *Kāma*, den Gott der erotischen Liebe, mit der Strahlung aus seinem dritten Auge, dem Sitz des Erleuchtungsgeistes, als dieser versucht, *Shivas* Meditation zu stören. Die wunderschöne *Pārvatī*, Tochter des Himalaya, gewinnt dann allerdings durch ihre eigene Meditationspraxis *Shivas* Wohlwollen, ehelicht ihn und bittet den Gatten, *Kāma* wieder zum Leben zu erwecken, was auch geschieht.

Der Sinn dieses Mythenkreises ist offenkundig: Innere geistige Disziplin und erotische Liebe, die Ansammlung schöpferischer Potenz im Innern und die Auswirkung derselben nach außen sind zwei Seiten einer Sache, und von der Harmonie dieser polaren Kräfte hängt der Bestand der Welt ab. *Rudra/Shiva* ist nicht ein von der Welt getrennter Schöpfer, sondern er *ist* der Kosmos, die „Totalität der Manifestationen".[38] Gott und Welt sind eins, die Ganzheit umfasst alle Gegensätze. *Shiva* ist der Gnädige, der neben *Vishnu* zu einem der zwei wichtigsten Götter des späteren Hinduismus wurde.[39]

Shiva ist nicht nur der große Yogi, der auf dem Berg *Kailash* in meditativer Versenkung sitzt, und der Liebhaber, aus dessen geschlechtlicher Verbindung mit der Großen Göttin, die als seine Kraft (*shakti*) erscheint, die Welt hervorgeht, sondern er ist auch der Tänzer *(nātarāja)*, der den kosmischen Tanz der Schöpfung und Zerstörung des Geschaffenen tanzt, dabei Ordnung erzeugt und das Chaos bezwingt. Tanz ist die kreative Kraft, die Einheit des Rhythmus in der zeitlich definierten Bewegung, in der die Ordnung, nach der sie abläuft, im Geschehen des Tanzes von Augenblick zu Augenblick neu geschaffen wird. Shiva ist also weder Schöpfer, der an eine vorherige Ordnung gebunden wäre, noch steht er der Welt fern gegenüber, sondern er ist in seiner Bewegung alles in allem. Und zwar so, dass von vornherein eine Polarität in ihm ist, *Shiva* und *Shakti*, das Männliche und das Weibliche, das Statische und das Dynamische. Er, das letzte Prinzip der Welt, ist nicht ein Wesen hinter diesen Gegensätzen, sondern er ist diese Polarität, das heißt, die Welt ist eine in sich dynamische Einheit, die ständig neue Formen hervorbringt und in sich zurücknimmt. So wird verständlich, dass *Shivas* drei Charakteristika, die zunächst als Gegensätze erscheinen wollen, nämlich Geschlechtlichkeit, Meditation und tanzende ekstatische Bewegung, die Einheit der Welt, den Rhythmus des Lebens überhaupt, veranschaulichen. In den Erzählungen über *Shivas* Wirken, den *Agamas* und *Purāṇas*,⁴⁰ wird genau dieses zugrundeliegende Prinzip in der Vielfältigkeit des Lebens ausgesponnen und weitergeführt.

Der Logos

In historisch sekundären philosophischen Abstraktionen wird diese Grundvision des Ganzen verdichtet. Es gibt verschiedene shivaitische Systeme, und ich möchte mich hier nur mit dem *Kashmir-Shivaismus* befassen, nicht ohne zuvor noch auf eine der späteren Upanishaden, die *Shvetāshvatara Upanishad*, zu verweisen, in der erneut *Rudra* vorkommt, jetzt aber auf einer viel mehr von Devotion und philosophischer Durchdringung gekennzeichneten Stufe als im *Rig-Veda*. Hier wird der Gott allesdurchdringend geschildert: Er jagt in den Bergen und residiert im Herzen jedes Menschen. Er lässt die Welten entstehen, herrscht über sie und nimmt sie am Ende wieder zurück. Er ist der allgegenwärtige Shiva, immanent und transzendent zugleich.⁴¹ Wer ihn durch direkte Erkenntnis vermittels Yoga oder durch liebende Hingabe an ihn (*bhakti*) kennt, ist von den Banden weltlicher Existenz (*pāsha*) erlöst.

Zwei philosophische Systeme haben sich hieraus entwickelt: der auf Gottesliebe vertrauende und darum häufig mehr dualistisch argumentierende *Shaiva Siddhānta* im Süden, und der tantrische *Shivaismus* in Kaschmir, der in den *Shiva-Sūtras* und anderen Schriften gründet. Er wurde von Somānanda (ca. 900–950 n. Chr.) erstmals und durch *Abhinavagupta* (um 1000 n. Chr.) umfassend systematisiert, der vor allem in seiner dritten Phase das sogenannte *Trika*-System (von 900 n. Chr. an) als universale Deutung der Wirklichkeit vorlegte, die in der Pratyabhijñā-Lehre, d. h. der Wiedererkennung des göttlichen Grundes als Erlösungswirklichkeit, gipfelt.⁴² Abhinavagupta bezieht sich auf die Tantras und weniger auf das dem Advaita Vedānta zugrundeliegende Schrifttum, weil es ihm um ein Prinzip geht: Alles ist von Gott durchdrungen, und deshalb muss die sinnliche Wirklichkeit, die Vielheit der Welt nicht abgelehnt werden. Die kultische Unterscheidung von „rein" und „unrein" bzw. deren philosophische Form, die Differenz von „wirklich" (*sat*) und „unwirklich" (*asat*), hat demzufolge keine Basis in der Realität, sondern gilt als Projektion eines ungeläuterten Bewusstseins. Alle Kräfte in der Welt und im Menschen können für die Transformation des Geistes in das Gottesbewusstsein genutzt werden, denn alles ist göttliche Potentialität. Tantra ist die Praxis, die zu diesem Ziel führt, und die Anschauung, die all dem zugrunde liegt, möchte ich als Pan-Sakramentalismus bezeichnen.

Die große Entdeckung der indischen Religionen, die schon dem Mythos Shivas zugrunde liegt und hier ihre philosophische Ausformung gewinnt, ist also ein grundsätzlicher Holismus: Ob man nach außen oder nach innen schaut, das Resultat wird dasselbe sein, denn alles ist die *Shakti* Gottes. Nun könnte man einwenden, dass dies so neu nicht ist, denn auch in der *ātman-brahman*-Mystik der *Upanishaden* und der vedāntischen Schulen, besonders im *Advaita Vedānta Shankaras* (um 800 n. Chr.) gilt die Entsprechung von Mikro- und Makrokosmos, die Realisierung des Heils in der Entdeckung des *ātman* als des eigenen Selbst, das vom Grund der Welt, dem *brahman*, nicht verschieden ist. Diese Entsprechung ist zwar richtig, aber mit einer Einschränkung: Bei *Shankara* kann die Reinheit des *brahman* nur bewahrt werden, wenn es absolut in sich selbst ruhend, als das unbewegte Eine (*ekam*), bar jeder personalen Regung, gedacht wird. Die Folge davon ist, dass die Welt der Vielheit und Form, des Werdens und Vergehens, keine letztgültige Realität besitzt und zumindest im existentiellen Sinn ein Dualismus aufbricht – das Leibliche und dem Werden Unterworfene, die individuelle Differenzierung und Geschichte werden abgewertet. *Rāmānuja* (ca. 1055 – 1137), der große Lehrer des modifizierten vedāntischen Nicht-Dualismus (*vishishtādvaita*), erkennt dieses Problem und wertet die Welt auf – aber um den Preis, dass Gott und Welt nicht mehr so eng in ihrer Einheit gedacht werden können. Die Lösung der *bhedhābheda*-Schulen (Unterscheidung-in-Nichtunterscheidung, bes. Nimbarka im 12. Jh.) und Abhinavaguptas besteht darin, das Eine in Differenzierung zu denken, d. h. die Einheit der Wirklichkeit so zu erfassen, dass ihr Wesen die Bewegung und Polarität in sich selbst ist.[43]

Abhinavagupta kann als bedeutendster Vertreter des *Kaschmir-Shivaismus* gelten. Die Wirklichkeit im *Kaschmir-Shivaismus* ist reines Bewusstsein. Das Wesen dieses reinen Bewusstseins ist seine Einheit, die sich in der Vereinigung ihrer in sich differenzierten Momente ständig selbst formt. Die Einheit ist die Bewegung, ein Hin- und Her-Oszillieren zwischen zwei Polen, *spanda*, die oszillierende Bewegung. Abhinavagupta macht die interessante Bemerkung, dass *spanda* nicht einfach ein spekulativer Begriff sei, sondern experimentell erfahren werden könne, indem man der Pause zwischen zwei Gedanken gewahr würde. Die Gedanken sind eine Manifestation des feineren energetischen Prozesses, der noch hinter dem Denken liegt, und dieser Prozess ist *spanda*. Durch Yogapraxis kann die Pause zwischen zwei Gedanken verlängert werden, aber nicht so, dass man die Gedanken unterdrücken würde – Abhinavagupta hält von einer solchen „gewaltsamen Askese" nichts, weil dies neue Spannungen und Einseitigkeiten verursacht – , sondern so, dass die Gedanken in ihrer Schwingung, in ihrer Einheit im Prozess erfahren werden und die Aufmerksamkeit auf *spanda* jenseits der konkreten geistigen Manifestationen gerichtet wird. Was dann erfahren wird, ist nicht bewegungslose Identität oder ein ungefülltes Nichts, sondern ebendiese Oszillation des Einen in sich selbst, aus dem alle Bewegung, alles Werden, die Evolution der Erscheinungswelt, hervorgeht. Denn was für den Prozess der menschlichen Bewusstseinserfahrung gilt, hat ebenso Gültigkeit für den Prozess der kosmischen Evolution.

In den Begriffen des kaschmir-shivaitischen Trika-Systems[44] heißt dies: Der Höchste Shiva (*paramshiva*) ist die Eine Wirklichkeit. *Shiva* hat in sich selbst zwei Aspekte: In dem einen Aspekt ist er ewig, unwandelbar, grenzenlos und reines Bewusstsein,[45] und dies entspricht der reinen Erkenntnis (*jñāna*) jenseits aller Relativität; in dem anderen Aspekt ist er dynamisch, personal wirkende Gottheit, durch die er die unendliche Vielfalt der Welt des Werdens aus sich heraussetzt,[46] und dies entspricht der Energie (*kriyā*) jenseits aller Relativität. Der statische Aspekt ist *Shiva* (männlich), der dynamische *Shakti* (weiblich). Um klarzustellen, dass es sich nicht um eine aufeinander bezogene Dualität von zwei Wesen handelt, stellt man diese Eine Wirklichkeit ikonographisch als *ardhanarishvara* dar, eine Figur, die halb männlich, halb weiblich ist und somit Androgynie repräsentiert. Beide Aspekte sind ewig gleich real und untrennbar, wobei der Begriff „ewig" hier irreführend ist, weil diese Einheit eher als ein zeitewiges Kontinuum, als Zusammenfall von Vergangenem, Gegenwärtigem und Zukünftigem im ewigen Jetzt der oszillierenden Bewegung (*spanda*) gedacht wird. Die Einheit beider Aspekte selbst kann nicht begrifflich erfasst werden, denn es handelt sich um vollkommene Nicht-Dualität, die auch den Subjekt-Objekt-Gegensatz in sich vereint und deshalb einfach *anuttara*, letzte Realität, genannt wird,[47] mit dem Zusatz allerdings, dass es sich um das Äquilibrium von *jñāna* und *kriyā*, Bewusstheit und Wirkung durch die Energie der Bewusstheit, wie wir auch sagen können, handelt. Den Bewusstheitsaspekt des Einen nennt man auch Licht (*prakāsha*), denn er strahlt aus sich selbst und ist selbstevident. Der Energieaspekt heißt auch Selbstbewusstheit (*vimarsha*), die nach freiem Willen zielgerichtete Energie des Erkennens. Die ausgewogene Balance zwischen beiden ist das, was man Bewusstsein nennt.[48]

Bewusstsein also ist seiner Natur nach Vibration in seinem eigenen energetischen Feld, eben *spanda*,[49] eine gleichzeitig nach innen und außen gehende Bewegung,[50] die durch die Pole *Shiva* und *Shakti* gekennzeichnet ist. Bezeichnenderweise ist in Indien das aktive, energetische Prinzip weiblich, und aus ihm geht die göttliche Aktivität *Shivas*, des einen Grundes und Inbegriffs der Wirklichkeit, hervor. Die gesamte Welt existiert schon in *Shiva*, bevor er sie manifestiert hat, so wie eine Pflanze bereits im Samen und in seiner Struktur vorhanden ist,[51] und dennoch verändert die Bewegung sein inneres Wesen nicht, denn er ist diese Bewegung. Wenn auch die Welt ganz und gar in ihm ist, so ist er doch gleichzeitig auch immer transzendent, er geht nicht in den Erscheinungsformen auf. Die Wirkungen dieses Einen-in-Differenzierung (*Shiva/Shakti*) entsprechen der spielenden Natur (*līlā*) *Paramshivas*:[52]

1. seine schöpferischen Kräfte zu manifestieren,
2. alles zu erhalten,

3. das Geschaffene wieder in sich zurückzunehmen und
4. dabei sein Wesen gleichzeitig zu offenbaren und
5. zu verhüllen.

Im Kaschmir-Shivaismus wird die Wirklichkeit als Energie gedacht, was bedeutet, dass auch die verzehrende Kraft aller energetischen Prozesse eingeschlossen ist. Die Bilder, die man dafür gebraucht, sind Schwärze, Feuer, Tod: *Shiva* absorbiert im vernichtenden Feuer alles in sich selbst, und wer diesen Prozess kraft tieferer Erkenntnis nicht als letztlich heilvoll erkennt, kann angesichts der unerbittlichen Zerstörung alles Lebendigen nur erschaudern.[53]

Alles kommt nun darauf an, die Unwissenheit (*avidyā*) bezüglich dieser Einheit, das heißt die dualistische Einstellung und fragmentierte Verhaltensweise des Menschen, zu überwinden. Dies geschieht durch Wiedererkennen der Einheit mit dem Einen Bewusstsein (*pratyabhijñā*). Es handelt sich nicht um eine bloße Erinnerung, die aus dem Gedächtnis aufsteigen würde, sondern um einen synthetischen Akt des Bewusstseins, um das Gewahrwerden des universalen Zusammenhanges in transrationaler meditativer Erfahrung. Dazu bedarf es der Yogapraxis, und im Kaschmir-Shivaismus gibt es diesbezüglich mehrere Übungssysteme. Charakteristisch für die tantrische Haltung ist, dass grundsätzlich alle Handlungen im Leben zur Übung werden können, weil jeder Vorgang leib-geistige Einheit ist. Deshalb kann auch in der sexuellen Vereinigung die Einheit der Polaritäten angeschaut und geübt werden.

Die direkte Erkenntnis dieser Zusammenhänge ist *jñāna*.[54] *Jñāna* ist möglich durch yoga. Der Yogi geht durch geistige Konzentration (*bhāvanā*) und mit der Hilfe der Kraftübertragung, die gnadenhaft von Gott kommt (*shaktipāta*) – oft vermittelt durch den menschlichen Guru – in eine Erfahrung des Zusammenfließens mit dem Grund (*samāvesha*) ein, wobei diese intuitive Vision aus sich selbst scheint (*pratibhā*), alle Illusion der Getrenntheit des Ich vom Urgrund überwindet und höchste kosmische Seligkeit (*jagadānanda*) auslöst. Dabei verschwinden aber das empirische Bewusstsein und die individuelle Differenzierung nicht, das heißt das individuelle Bewusstsein wird nicht in einen Ozean des Geistes aufgesogen, sondern bleibt ein Aspekt an der oszillierenden Selbstbewegung des Einen *Shiva*, in dem ja das Einzelne, Besondere enthalten ist. In dieser höchsten Vision koinzidieren empirisches Erkennen und vollkommen transzendente Einheitsschau.[55]

Die transzendente Einheitsschau begrifflich zu beschreiben ist nicht möglich. *Somānanda* zieht einen Vergleich, der den Moment der Einsicht in die wahre Natur des Selbst und der Welt als das Bewusstseinsspiel *Shivas* verdeutlichen will:[56] Ein Mensch sucht in seinem Gedächtnis verzweifelt nach einem vergessenen Wort. Er kann es nicht finden und verspürt trotz des Versagens eine Tendenz im Hintergrund des Bewusstseins, die ihn in die richtige Richtung lenkt. Schließlich springt der richtige Begriff unerwartet ins Bewusstsein, „als direktes Ergebnis der Bewusstseinskraft im Herzen". Gleichzeitige Kontinuität und Diskontinuität zwischen der Periode des Suchens und dem plötzlichen Durchbruch sind deutlich.

Die Yogapraxis im Kaschmir-Shivaismus ist vom klassischen Yoga *Patañjalis* verschieden, auch wenn man ebenfalls Atemübungen (*prāṇayāma*) und Konzentrationstechniken (*dhāraṇā*) anwendet. Ich möchte nur einige Aspekte hervorheben. Voraussetzung für die Befreiung (*mukti*) aus Unwissenheit und Angst ist der Empfang der Gnade *Shivas* (*shaktipāta*, wörtlich: „Herabfallen der göttlichen Energie"). Da letztlich nichts außer ihm existiert, gibt es auch keinen Bereich, der nicht von dieser Gnade durchdrungen wäre, doch weiß dies der ich-verhaftete Mensch nicht. Indem er sich mit Denken, Reden und Handeln ganz und gar an Gott hingibt[57], öffnet sich der Mensch für die immer gegenwärtige Gnade.[58]

Die Erkenntnis der wahren Natur der Wirklichkeit wird mit vier verschiedenen Mitteln (*upāya*) oder in vier Schritten vollzogen. Diese Einteilung geht auf das *Mālinivijāya Tantra* zurück, das Abhinavagupta in seinem Tantrāloka kommentiert, wobei er aber die Reihenfolge interessanterweise aus theologisch-pädagogischen Gründen umkehrt, wie wir noch erörtern werden, und außerdem noch ein viertes Mittel (*anupāya*) hinzufügt.[59] Es handelt sich um:

- *anupāya* (das „Null"-Mittel),
- *shāmbhava upāya* (das göttliche Mittel),
- *shaktopāya* (Mittel der Energie),
- *anava upāya* (individuelles Mittel).[60]

Die trinitarische Denkstruktur des Kaschmir-Shivaismus (*trika-System*) wird nochmals eindrucksvoll deutlich durch die dreifache Entfaltung der Energien:

- Wille (*icchā*),
- Erkenntnis (*jñāna*) und
- Handeln (*kriyā*).

Diese drei Energien durchdringen einander, und auch hier geht es nicht um eine zeitliche Sequenz.[61] Die drei Wege und Energien sind Phasen in der Entfaltung des Kosmos, die aber immer auch gleichzeitig wirken. Die gegenüber dem ursprünglichen Tantra-Text von Abhinavagupta vollzogene Umkehrung der Reihenfolge der vier Stufen macht deutlich, dass es nicht nur um den Stufenweg des unerlösten Bewusstseins zu Gott hin geht, sondern letztlich um den Herabstieg Gottes selbst, der die Vergöttlichung des Kosmos zum Ziel hat. *Shiva* selbst ist der vollkommene Yogi, der in die Entfremdung (bis zur vierten Stufe) geht, um alles in sich zurückzubringen:[62]

„Man soll die vierfache Form der Erkenntnis (die vier Wege) als die eigene Natur des Herrn selbst begreifen, denn er ist der immer Gegenwärtige, Alldurchdringende. Die Tatsache, dass er in unzähligen Aspekten seiner Natur erscheint, ist der Grund, dass einige allmählich, andere aber mit einem Mal in ihn eindringen."

Die erste Stufe nennt Abhinavagupta *anupāya* oder *ānanda-yoga*, weil hier in *spontaner Bewusstheit der Einheit* reine Seligkeit erlebt und somit die wahre Natur des Bewusstseins erfahren wird. Weg und Ziel sind identisch, und deshalb ist es auch kein „Mittel". Der Mensch erlebt die Nicht-Dualität seines eigenen Wesens und des Wesens Shivas.[63] Die einzige Frage ist hier, ob man überhaupt von Yoga sprechen sollte, weil es sich um eine völlig nicht-dualistische Einheit von Aktivität und vollkommenem Gelöstsein handelt, in dem keinerlei Anstrengung vorhanden ist. Dies ist die Erkenntnis des Wahren Selbst (*pratyabhijñā*), in der alle Eigenaktivität zu Null geworden ist (*anupāya*). *Pratyabhijñā* ist eine Art Wiedererinnerung an die zuvor verdunkelte Wahrheit. Zu schnelle Parallelisierung mit der Wiedererinnerung (*anamnesis*) an die ewigen Ideen bei Plato sollte aber vermieden werden, weil im shivaitischen Denken die ewigen Ideen nicht statisch sind, sondern in der Selbstbewegung eine Dynamik aufweisen, die sich darin spiegelt, dass *pratyabhijñā* letztlich eine höchst dynamische Aktivität in der Selbstbewegung *Shivas* selbst ist.

Die zweite Stufe ist *shāmbhava upāya* oder *icchā-Yoga*, also die Übung des Willens, der zunächst eine undifferenzierte Intentionalität meint, wobei er konstant auf das Eine Bewusstsein gerichtet ist, ohne in Eigenaktivität die vollkommene Ruhe zu gefährden. Der Zustand des Bewusstseins ist hier eine passive Aufmerksamkeit, gelöste Bewusstheit ohne ein bestimmtes Objekt, vergleichbar einem unspezifischen Sehnen. Das normale Tagesbewusstsein ist durch eine vom Willen zielgerichtete Bewusstseinsaktivität gekennzeichnet, die ein Ich-Streben voraussetzt. Hier ist hingegen keine bewusste Willensanstrengung nötig, und alles ereignet sich spontan, weil es keine hindernden Vorstellungen gibt. Man hat nichts zu tun, sondern alles ereignet sich für das geöffnete Bewusstsein aus reiner Gnade im Bewusstseinsspiel (*citshakti*) *Shivas*.

Der dritte Schritt ist *shaktopāya* oder *jñānayoga*, also die intuitive Erkenntnis, die eine göttliche Energie ist. Dieses Erkennen dringt zu der Einsicht vor, dass letztlich außer diesem auf der ersten Stufe gewonnenen

Einheitsbewusstsein nichts existiert. Die Übung besteht aus meditativen Praktiken auf der psychologischen Ebene. Das ganze Universum wird als Ausdehnung des eigenen Bewusstseins meditiert, und allmählich verschmilzt das Bewusstsein mit der Einen Wirklichkeit in vollkommener Konzentration. Um diese Schau ständig zu vertiefen, wenden verschiedene Schulen innerhalb des Kaschmir-Shivaismus verschiedene Methoden an. Aber auch diese Stufe ist noch nicht die Vollendung.

Der vierte Schritt ist *āṇava upāya* oder *kriyā-yoga*, den diejenigen üben müssen, deren Bewusstsein noch von Dualität beherrscht ist. Es ist der Weg des Handelns, und man benützt äußere Mittel wie Mantras, Rituale, Atemübungen oder Verehrung eines Gottesbildes. Der Zweck dieser Übungen ist, zwischen dem meditierenden Bewusstsein und diesen äußeren Manifestationen der Vibration des göttlichen Geistes (*spanda*) Identifikation herzustellen. Später wird die Identifikation dann auf die Identität mit allem, letztlich mit *paramshiva*, ausgedehnt. Der Übende bildet gleichsam ein Dreieck zwischen dem eigenen Moment der Konzentration, dem Meditationsobjekt und *paramshiva*. Und die drei sind eine Einheit in ständiger Bewegung.

Für das in Dualitäten befangene Bewusstsein, für den gewöhnlichen Menschen also, besteht die Übung darin, von der vierten Ebene bis zur ersten aufzusteigen, nachdem ihm Shiva aber schon immer zuvor- und entgegengekommen ist.

4. Vishnuitische Mystik

Der Mythos

Vishnu liegt schlafend auf der Weltenschlange im unermesslichen Weltenozean. Er atmet rhythmisch und schafft damit die Zeit. Der Nabel hebt und senkt sich. Aus dem Nabel wächst langsam und makellos eine Lotosblume empor. Der Lotos ist in allen von Indien beeinflussten Kulturen Symbol für die Transformationskraft des Geistigen: in dem dunklen und unreinen schlammigen Grund des Tümpels gründend, erhebt er sich über die Oberfläche, um in reiner Schönheit und Vollkommenheit des Blütenkelches zu erblühen. *Vishnu* also schläft und träumt, und in der Blüte, die sich dann entfaltet, sitzt *Brahmā*, der Schöpfergott, der alles in sich birgt. In dieser wunderbaren Manifestation zeigt und spiegelt sich die Vielfalt der Erscheinungswelt, die wir sinnlich wahrnehmen können. Im träumenden Schlafen *Vishnus* wächst aus dem Rhythmus des Atems, der unwillkürliche Bewegung und gestalterische Kraft zugleich ist, die Vielfalt der Welt. Aus dem vorbewussten Einheitstraum wächst die Welt der wachbewussten Differenzierung.

Die Bhakti-Bewegungen

Erste Spuren der bhakti-Religiosität finden sich bereits in den klassischen Upanishaden. Ab etwa 300 – 200 v. Chr. begegnet uns in der Tamil-Sprache eine hoch-entwickelte Poesie, die die Liebe zu Gott als den Heilsweg bzw. die Erfüllung des Menschseins schlechthin zum Thema hat; sie gipfelt in den Liedern der vishnuitischen *ālvārs* (ab 500 n. Chr.). In der Bhagavad *Gītā*, den *Purāṇas* (vor allem *Bhāgavata Purāṇa*, ca. 9./10. Jh. n. Chr.) und anderen Texten wird diese Frömmigkeit der personalen Gottesliebe und Hingabe allmählich zum eigentlichen Inbegriff der großen volkstümlichen Religionsbewegungen, die den späteren Hinduismus prägen. Alle lokalen und ursprünglich nicht-vedischen Gottheiten werden unter verschiedenen Namen mit dem einen All-Gott identifiziert, der sich als Universum ausbreitet, somit in allen Wesen anwesend ist, zugleich aber jede Form transzendiert: *Die Welt ist in Gott, aber Gott ist nicht die Welt* (Theophanismus, nicht Pantheismus). Besonders im Vishnuismus ist sie prägend geworden, und hier wiederum markant in Bengalen bis hin zu *Caitanya* (1486 – 1533) und *Rāmakrishna* (1834 – 1886), weil einerseits die *avatāra*-Lehre (die Inkarnation des Gottes in vielen Gestalten zu allen Zeiten) die Identifikation mit der sinnlich-konkret erlebten Präsenz der Gottheit in mystischer Einheitserfahrung ermöglicht und andererseits die *bhakti* gegenüber der Göttlichen Mutter, die ganz besonders die bengalische

Religionsgeschichte prägt, einen intimen ekstatischen Zug besonderer Art zu dieser Mystik beisteuert.

Die *Bhagavad Gītā* (ca. 200 v. Chr.) ist ein klassischer bhakti-Text, bei dem liebende Hingabe (bhakti yoga), uneigennütziges Handeln (*karma yoga*) und die nicht-dualistische Erkenntnis Gottes als Wesen des eigenen Selbst (*jñāna yoga*) vollkommen miteinander verschmolzen sind.[64] Gott ist in allen Wesen, denen deshalb Liebe und Verehrung gebührt, und dieser Gott ist das eigene Selbst des Gläubigen. Ursprünglich handelt es sich bei der Gītā um eine Ermahnung Gottes an den Prinzen *Arjuna*, die ihm durch die Kaste vorgegebene Pflicht zu erfüllen, nämlich die politische Ordnung auch mit Gewalt wiederherzustellen. Die Argumente *Krishnas* machen aber deutlich: Wenn Arjuna handelt, handelt nicht eigentlich er, sondern Gott in ihm – sofern sein Handeln nicht eigenen ich-haften Zwecken dient, sondern Hingabe an Gott (*bhakti*) ausdrückt. *Bhakti* ist gegenseitige Partizipation oder Teilhabe von Gott und Mensch, und die mystische Grundspannung in dieser These besteht darin, dass Gott und Mensch zwar eins sind, aber doch in der liebenden Verschmelzung in einer gewissen polaren Dynamik aufeinander bezogen bleiben. Die indische bhakti ist (mit Ausnahmen, wie z.B. bei Madhva, 1238–1317) meist nicht-dualistisch (*advaita*) interpretiert worden, was aber nicht bedeutet, dass nicht gleichzeitig eine sehr personale Liebesmystik des vollkommenen Ineinander-Fließens von Gott und Mensch existiert hat und auch heute noch die Frömmigkeit im Hinduismus bestimmt. Ich zitiere aus der Bhagavad Gītā, die dieses nicht-dualistische Verhältnis von Gott und Welt bzw. Ewigkeit und Zeit, Ganzheit und Verschiedenheit gut zusammenfasst. Gott, also das absolute *brahman*, das hier als persönlicher Gott erscheint, damit sich der Mensch zu ihm verhalten und in Beziehung treten kann, spricht:[65]

> *Wer den Höchsten Herrn schaut, der gleichermaßen existiert in allen Wesen und nicht zugrunde geht, wenn sie zugrunde gehen, der schaut richtig. Denn wer den Herrn schaut, der allem gleich innewohnt, verletzt das Selbst nicht durch das Selbst. Sodann gelangt er zum höchsten Ziel.*

Alle Wesen sind in ihrer ursprünglichen Natur Ausprägungen des Einen. Weil dies das Wesen aller ist, so fügt der indische Nicht-Dualismus hinzu, kann es unter der Erkenntnis dieser Einheit keinen Hass geben. Denn was den Grund meiner selbst und den Grund der anderen ausmacht, ist identisch. Der Andere ist das Selbst in anderer Form. Wer der Vielheit in ihrem Wesen begegnet, erfährt immer das Eine. Das Transzendente ist ganz und gar im Immanenten, und das Immanente ist nicht ohne das Transzendente, das sein Wesen ist. Damit schwindet die Bedrohung durch den Abgrund des Fremden oder die Grenze dahin. Der Andere gilt demzufolge nur unter einem bestimmten Aspekt als anders, im Wesen aber ist er der gleichen Natur wie ich selbst. Die Folge davon ist die Furchtlosigkeit. Dies hat sich in einer personalen und ekstatischen Mystik im Vishnuismus fortgesetzt, vor allem im *Bhāgavata Purāna* aus dem 9. oder 10. Jahrhundert n. Chr.[66] Der Text knüpft an die bereits erwähnten tamilischen *ālvārs* an, nimmt die Krishna-Legenden auf, zitiert die *Bhagavad Gītā* und fügt alles in einer nicht-dualistischen Grundhaltung zusammen. Dem mystischen Stufenweg der Einung mit Gott entsprechen Merkmale der menschlichen Frömmigkeit, die allerdings im Text selbst nicht systematisiert werden. Vielmehr werden unterschiedliche Kennzeichen von *bhakti* genannt, von denen z. B. folgende Aufzählung typisch ist:[67]

Hören und Preisen Vishnus, Gedenken, Dienst an seinen Füßen, Verehrung, ehrfurchtsvolle Begrüßung, Dienstbarkeit, Freundschaft, Selbsthingabe.

Die kultische Einbindung der *bhakti* wird ebenso erkennbar wie die zunehmend emotionale Religiosität, die in der erotischen Mystik einiger Teile des *Purāṇas* sowie im *Shrīkrishnakīrtana* von *Candīdāsa*[68] kulminierte. Hier steht die ausgelebte Kraft des Eros zwischen Krishna und *Rādhā* für die unzähmbare Anziehung zwischen Gott und der menschlichen Seele: Krishna verführt *Rādhā*, und in seinen Armen vergisst sie menschliche Unterscheidungen und Verantwortlichkeiten – sie schmilzt dahin.[69] Bei Caitanya schließlich, der selbst nichts schrieb und buchstäblich dauernd in der ekstatischen Trance vollendeten Gottesbewusstseins verweilte, fand diese Mystik ihre Vollendung.[70]

Als vollendeter *Bhāgavata* gilt derjenige, der die göttliche Natur seines Selbst und Gott selbst – beide sind nicht verschieden – in allen Wesen sieht.[71] Das entspricht ganz dem Nicht-Dualismus der *Bhagavad Gītā*. Gott *Vishnu* selbst schenkt den Gläubigen graduell alle Gaben, die sie für das Heil brauchen. Dieselben markieren den mystischen Stufenweg:[72]

1. am gleichen Ort mit Gott sein (*sālokya*),
2. die gleiche Herrlichkeit haben (*sārishṭi*),
3. in Vishnus tatsächliche Nähe gelangen (*sāmīpya*),
4. mit dem Höchsten gleichgestaltig werden (*sārūpya*),
5. die vollkommene Einheit mit Gott erlangen (*sājujya* bzw. *aikatva*).

In Jayadevas *Gītagovinda* (12. Jh.), bei *Candīdāsa*, im *Bhāgavata Purāṇa* und in vielen tantrischen und nichttantrischen Texten ist die erotische Liebe Gleichnis bzw. Inbegriff dieser Stufen bis zum vollkommenen Einswerden. Der *Gītagovinda*[73] handelt von *Rādhā* und Krishna: Sie werden einander entfremdet, weil Krishna auch andere Mädchen liebt. *Rādhā* leidet an Eifersucht, sie spürt Verlangen nach dem Geliebten. *Rādhā* Freundin läuft zu ihm und vermittelt. Sie erklärt: „Madhava (Krishna) wartet noch immer auf dich."[74]

> *„Hari (Krishna) kommt, wie der Frühlingswind weht, der Honigduft mit sich trägt. Welche vollkommenere Freude gibt es in der Welt, meine Liebe? Ehrenwerte, sei nicht zornig mit Madhava."*[75]

Diese Botschaft besagt: Gott ist unverfügbar, seine Liebe durchweht die Welt, und der Mensch kann sich ihr nur in vollkommener Ich-Freiheit öffnen. *Rādhā* und *Krishna* versöhnen sich und werden wieder vereint. Die bengalische Liebesmystik bleibt aber nicht bei den Gefühlen (*bhāva*) und Stimmungen (*rasa*) stehen, die, aus der Kunsttheorie übernommen, wohl erstmals bei den *Alvārs* auf die Qualitäten religiöser

Grundhaltungen übertragen worden sind.[76] Die erotische Metaphorik will eher eine bestimmte Haltung des Gläubigen in der Welt und der Welt gegenüber zum Ausdruck bringen. So ist für Caitanya die Welt weder identisch mit Gott und ewig gleich noch bloßer Schein. Die Welt existiert vielmehr im Absoluten als der letzten Ursache aller Dinge in unmanifester Form, und durch die Kraft (*shakti*) des Herrn wird sie entfaltet.[77]

5. Der Shaktismus

Der Shaktismus kulminiert in der Verehrung der Göttlichen Mutter. Die göttliche Kraft (*shakti*), die das Unmanifeste als Universum entfaltet, ist in Indien seit alters als die Große Mutter verehrt worden. Auch hier sind die religionsgeschichtlichen Entwicklungen, Überschneidungen und Verschmelzungen komplex. Doch haben die Polarität von *Shiva* und *Pārvatī* im Shivaismus, von *shiva* und *shakti* in den tantrischen Strömungen, von *purusha* und *prakriti* im Sāmkhya und der Bhagavad Gītā, von *brahman* und *māyā* (die göttliche Schöpferkraft, die die Illusion einer vom *brahman* unabhängigen Welt schafft), sowie von *Krishna* und *Rādhā* in der personalen vishnuitischen Mystik eines gemeinsam: das absolute und in sich unveränderliche Geistprinzip bedarf eines energetischen Gegenpols, und der ist in den indischen Religionen fast immer weiblich.

So wird dem großen Advaitin Shankara ein (tantrisches) Gedicht zugeschrieben, die Saundaryalaharī, in dem die Mutter des Universums als Quelle aller Schönheit, des Reichtums und der Erkenntnis verehrt wird. Das Gebet soll die latenten Kräfte im Gläubigen erwecken, der schließlich erkennt, dass er in den Armen der Großen Mutter eins mit ihr, d.h. eins mit dem Mysterium von *shiva* und *shakti*, ist. So heißt es:[78]

O Mutter! Wer Dich meditiert, die Du von Deinen Kräften wie Vasini und anderen begleitet wirst, den Schöpferinnen der guten Worte, schön wie Edelsteine, wird zum Schöpfer großer Kunstwerke; er findet Ausdrucksformen, die duften wie das Lotosantlitz der Göttin der

Weisheit und gleichen den ganz großen Gestaltungen. O Schöpferin! Du machst, dass jemand wirklich vollkommen befreit wird, so dass sich zu seinen Füßen die Kronen (der Götter) Vishnu, Brahmā und Indra beugen, und der spricht: „O Schöpferin!", der sprechen möchte: „O Schöpferin, gewähre deinem Diener einen liebevollen Blick."

Die Göttin wird dann als Tochter des Himalaya identifiziert: sie ist die Gangā, durch die alles Leben in die indischen Ebenen strömt. Ihr Leib ist das Universum, Sonne und Mond sind die Brüste usw. Ihre Glieder, ihre Lippen – alles wird gepriesen als die Herrlichkeit und Schönheit des Universums. Berühmter noch, und vor allem in Nordindien gesungen, sind die 700 Strophen des bengalischen Gedichtes *Devi Māhātmya* oder *Candī*, die Herrlichkeit der Göttlichen Mutter, die unter den Namen *Mahākālī* (Kap. *Mahalakshmī* (Kap. 2-4) und *Mahāsarasvatī* (Kap. 5-8) angerufen wird. Insbesondere aber gilt die Verehrung der Göttin, die als die Schöpferkraft Vishnus (*Vishnumāyā*) selbst vorgestellt und deren universale Allpräsenz gepriesen wird:[79]

Verehrung wieder und wieder der Göttin,
die in allen Wesen als Bewusstsein (cetana) wohnt;
der Göttin, die in allen Wesen in Form von intuitiver
Einsicht (buddhi) ist,
der Göttin, die in allen Wesen in Form von Schlaf ist;
der Göttin, die in allen Wesen in Form von Hunger ist;
der Göttin, die in allen Wesen in Form von Reflexion ist;
der Göttin, die in allen Wesen in Form von Kraft ist;
der Göttin, die in allen Wesen in Form von Durst ist;
der Göttin, die in allen Wesen in Form von Vergebung ist.

Auch Friede, Freude, Glück, Barmherzigkeit, Glaube, die individuelle Herkunft, die Elemente, der Irrtum, die Zufriedenheit – all dies sind Formen der Präsenz der Mutter. Sie durchdringt die ganze Welt – als Bewusstheit und Kraft. Die Göttliche Mutter ist die Fülle des Universums, die Ganzheit der Natur, die *prakriti* selbst.[80]

6. Vedāntische Mystik

Die *Bhagavad Gītā*, so sahen wir, ist für den synthetischen Geist des Hinduismus typisch. Sie vereint die personale bhakti-Frömmigkeit, sozialethisch argumentierenden Kasten-Dualismus und nicht-dualistische Denkformen. Sie enthält in sich viele Merkmale der vedāntischen Mystik, die hier einen einzigartigen poetischen Ausdruck erfahren.

Der Advaita Vedānta ist selbst Produkt aus der Reflexion über die alten Mythen und direkter Meditationserfahrung, wobei seine Formulierung als System vor allem durch den Buddhismus möglich geworden ist. Shankara (um 800 n. Chr.), der große Systematiker dieser philosophischen Schule, hat den Buddhismus so stark in die hinduistische Geisteswelt, aus der ja der Buddhismus erwachsen ist, zurückgeholt, dass er von Kritikern als „Krypto-Buddhist" bezeichnet werden konnte. Der Grundbegriff der auf den Vedānta[81] zurückgehenden philosophischen Spekulationen ist der Begriff des *brahman* bzw des *ātman*. Wie im bereits beschriebenen Mythos ist auch hier die Wirklichkeit eine und stellt sich in vielfältiger Form dar: Ich kann die Vielfalt sehen, Eigenschaften unterscheiden und Differenzierungen vornehmen, und das ist eine Ebene der Betrachtungsweise, der wir uns normalerweise im Alltag zuwenden (*vyāvahārika*). Es gibt aber auch noch eine ganz andere Ebene und Betrachtungsweise, und das ist die der Erkenntnis der Einheit (*pāramārthika*)[82]. Zwischen diesen zwei grundsätzlichen Betrachtungsweisen kann man gleichsam hin- und her oszillieren[83], wenn man nur einmal zur Einheitserfahrung durchgedrungen ist. Dies ergibt eine ganzheitliche Perspektive, in der die Welt anders gesehen wird, als wenn man sie nur unter der Perspektive der Differenzierung wahrnehmen würde. Denn wer die Einheit schaut, nimmt gleichsam das einheitliche Feld der Wirklichkeit wahr, die Interaktion zwischen allen Teilaspekten, auch wenn diese nicht in jeder Weise sogleich manifest ist. Zwischen den Einzelwesen gibt es eine verborgene Interaktion – sie erzeugen um sich herum ein Feld, wirken auf die anderen und haben „eine Ausstrahlung". Noch viel stärker spürbar und von ganz anderer Erfahrungsqualität ist der nicht-dualistische Zusammenhang aller Dinge für ein Bewusstsein, das in einem meditativen Zustand ist. Bei sprachlichen Vergleichen handelt es sich also nur um Gleichnisse für die viel grundsätzlicher und ursprünglicher wahrgenommene Einheit aller Dinge, die sich sprachlichem Ausdruck entzieht, denn Sprache ist auf die Dualität von Subjekt und Objekt angewiesen.

Immerhin wird auch durch solche Vergleiche deutlich: Die Kommunikation bzw. Kommunion zwischen den einzelnen Individuen betrifft nicht nur Personen, sondern auch Dinge. Gravitation etwa wäre nur ein physikalisch messbarer Aspekt eines zugrunde liegenden Kontinuums, das die Wirklichkeit ausmacht. Das, was alles zusammenhält, was der transzendente Grund hinter der Erscheinungswelt ist, was die Einheit von allem darstellt, nennt der Advaita Vedānta das *brahman*. Über das *brahman* wird spekuliert – hat es Eigenschaften oder nicht? Es kann natürlich keine Eigenschaften haben, denn andernfalls wäre es geteilt und getrennt, es kämen logische Unterscheidungen ins Spiel und die Einheit wäre zerstört. Das brahman aber ist ungeteilte Ganzheit in sich selbst. Es gibt kein *brahman* irgendwo jenseits der Welt, im Himmel oder in irgendeinem raum-zeitlich bestimmbaren Bereich, sondern es ist die Kraft (*shakti*) – und das ist einer der Ausdrücke, mit denen man den Wirkungsaspekt des *brahman* bezeichnet. Das *brahman* hält die Welt im Innersten zusammen, und zwar so, dass es von diesem Wirken in keiner Weise selbst modifiziert würde.

An dieser Stelle entfaltet sich die vielleicht wichtigste Intuition der hinduistischen Mystik: Dieses *brahman*, diese Kraft, diese Urenergie ist nicht nur in jedem einzelnen Atom, sondern dieser innere Kern der Wirklichkeit ist auch der Kern, das innere Selbst jedes einzelnen Menschen. Der Begriff dafür ist *ātman*, ein Selbst, das den verschiedenen individuellen Ausformungen, den verschiedenen Menschen, zugrunde liegt. Der *ātman* ist die innere Kraft, die alle Persönlichkeitsebenen, d.h. psychische wie physische Ausprägungen des Menschen, durchdringt. Der Körper ist eine grobe Ausprägung, die Gefühle, das Denken, der Wille usw. sind subtilere Emanationsformen. Der innerste Kern der Wirklichkeit ist also der *ātman* bzw., auf kosmischer Ebene, *brahman*. Wer zum *ātman* vordringt, erlebt die Einheit der Wirklichkeit, wobei es sich nicht um eine statische Einheit handelt, von der die Differenzierung ausgeschlossen wäre – denn dann hätte man wieder die Dualität zweier Bereiche und wäre gar nicht zur Einheit vorgedrungen. Sondern es geht präzise um eine Nicht-Dualität, die beides als Momente in sich vereinen kann.

Der Vedānta analogisiert nun diese Hierarchie im Aufbau der Wirklichkeit mit den unterschiedlichen Bewusstseinserfahrungen in Wachen, Traum und Tiefschlaf, wobei auch hier die verschiedenen Subtilitätsgrade der Maßstab für die Unterscheidung sind. Wir haben also zunächst die eine ungeteilte Ganzheit, die in sich in Seligkeit ruht. Wie kommt es aber, dass diese Einheit, die auch mit den Metaphern Sein-Bewusstsein-Seligkeit (*saccidānanda*) bezeichnet wird, plötzlich als Vielheit erscheinen kann und sich als individualisierte Formwelt manifestiert? Der Vedānta macht dafür die *māyā* verantwortlich.[84] Sie bewirkt, dass aus der Einheit das Viele wird. Das Wort *māyā* kommt sprachgeschichtlich von der Wurzel „*mā*" (messen), was auch mit Griechisch *metron* verwandt ist. Es ist das Messbare, der Bereich, in dem sich die eine Wirklichkeit, die nicht definierbar, weil nicht abgrenzbar ist, differenziert. *Māyā* ist das Abgrenzende, unter dessen Perspektive Formen erscheinen, die als solche messbar, denkbar, überhaupt zugänglich sind. Der Preis dafür ist die Aufgabe der Ganzheit. *Māyā* bedeutet dann zweierlei: zum einen die Welt der Vielheit als Manifestation der göttlichen Schöpferkraft – wobei allerdings im Advaita Vedānta das Verhältnis zwischen *māyā* und *brahman* nicht bestimmbar (*anuvacanīya*) ist, denn brahman kann nicht determiniert sein[85] – und zum anderen wird *māyā* vor allem in späterer Zeit zur Kraft der Illusion und Täuschung, die dafür verantwortlich ist, dass die Wahrnehmung an der Oberfläche der Wirklichkeit bleibt, sie die Dinge getrennt erfährt und Entgegensetzungen spürt. Dabei entwickeln sich aus diesen Gegensätzen Angst und Furcht, Furcht wiederum erzeugt Aggressivität, und so erscheint die ganze Fragmentierung der Menschheitsgeschichte.[86] *Māyā* ist dann die große Verführerin, die dafür verantwortlich ist, dass wir nicht mehr das Ganze wahrnehmen können. Dennoch, in dieser Welt der *māyā* ist das *brahman* ständig anwesend, ja es ist in Wahrheit das einzig Seiende, nur erkennen wir es nicht.

Māyā ist aber auch dafür verantwortlich, dass das Eine (*tad ekam*), das keine Qualitäten hat (*nirguṇa brahman*), in Eigenschaften differenziert (*saguṇa brahman*) erscheint, und zwar als persönlicher Gott (*īshvara*), der sich auf der Erde manifestiert als Goldene Saat (*hiraṇyagarbha*) oder Erstgeborener der Schöpfung, aus dem dann die Welt der Vielheit materieller Formen (*virāj*) hervorgeht. Auch diesen drei Stufen entsprechen die unterschiedlichen Subtilitätsgrade des Bewusstseins von Schlaf, Traum und Wachbewusstsein. Hinter diesen drei Bewusstseinsstufen steht aber eine vierte, *turiya*, die Stufe des meditativen Einheitsbewusstseins, in der die Ganzheit der Wirklichkeit oder der *ātman* bzw. das *brahman* direkt erfahren wird.

Der *ātman* wird der „innere Lenker" (*antaryāmin*) genannt. Auf der Ebene der personalen Gottes- und Wirklichkeitserfahrung kann man somit sagen, dass Gott innerer Lenker in allen kosmischen und menschlichen Vorgängen ist, das verborgene Subjekt aller Aktivität, das Subjekt des Denkens, denn nicht „ich" denke, vielmehr ist der *ātman* der „Denker des Denkens", wie es in den Upanishaden heißt, er ist der „Hörer des Hörens" usw., er ist alles in allem. „Das Ewige ist nicht außerhalb, sondern im Zeitlichen. Das Zeitliche hat deshalb keine Existenz in sich selbst. Dies nicht zu erkennen, ist der Grundirrtum des Menschen. Wenn die Welt als das gesehen wird, was sie wirklich ist – nämlich abhängige Wirklichkeit – ist sie keine Illusion. Die Illusion besteht vielmehr darin, dass wir einen illusionären[87] Begriff von der Wirklichkeit haben und das, was nur Hülle des Realen ist, für real halten. Wirkliches Sein (*sat*) kommt nur dem *brahman* zu."[88]

In der dem Advaita zugrundeliegenden Erfahrung wird die Dualität von Gott und Welt, Ewigkeit und Zeit, Befreiung und Verstrickung aufgehoben in eine Erfahrung der Gegenwart des Ewigen oder der ewigen Gegenwart. Diese Philosophie ist also kein Subjektivismus, sondern sie sucht das zu ergründen, was die Subjekt-Objekt-Dualität transzendiert, nämlich das reine Bewusstsein, das hinter allem Wandel und gleichzeitig in allem Wandel der Wirklichkeit ist und wirkt.

7. Zusammenfassung

An wenigen Beispielen haben wir darzustellen versucht, dass in der indischen Mystik prägend ist: ein Gespür für die Einheit der Wirklichkeit, die Gewissheit, dass höchste Seligkeit Vereinigung mit Gott oder dem Absoluten bedeutet, und der Wille, diese Seligkeit durch disziplinierte spirituelle Praxis zu erfahren. Diese grundlegend nicht-dualistische Erfahrungs- und Denkform kann man als den Inbegriff hinduistischer Mystik bezeichnen. Die Metaphorik ist dabei außerordentlich vielfältig, sie reicht von theistisch-erotischen Stimmungsbildern bis zu apersonal-bildlosen Abstraktionen.

Ganzheitsbezogene Aspekte des Buddhismus unter Berücksichtigung des Tantrismus

Armin Gottmann und Michael Colsman

Zusammenfassung: Der Buddhismus ist eine umfassende Weltanschauung sowie auf Vervollkommnung gerichtete spirituelle Praxis. Nicht nur der Mensch, sondern alles Lebendige ist dabei einbezogen. Auch umfasst die buddhistische Tradition vieles, was in den theistischen Religionen unter (rationaler) Mystik läuft. Seine Besonderheit unter den Weltreligionen ist es insbesondere, dass er zwar ein unvergängliches Unbedingtes (DHARMA/Nirvāṇa bzw. Buddhaprinzip) annimmt, dies aber nicht im Sinne eines Schöpfergotts versteht. In dem Vortrag sollen ganzheitsbezogene Lehren und Praktiken verschiedener buddhistischer Traditionen einschließlich des Tantrismus zur Sprache kommen.

Zur Person: Dr. med Armin Gottmann, (Berlin), Neurologe, Psychiater und Psychotherapeut, leitete die von dem bekannten deutschen Buddhisten Anagarika Govinda gegründete Gemeinschaft Arya Maitreya Mandala. Sie stellt sich die Aufgabe, vor allem die indische buddhistische Tradition von der abendländischen Kultur her zu erarbeiten. Der Verfasser ist mit vielen spirituellen Traditionen Asiens vertraut und lebte mehrere Jahre in Indien. Sein Vortrag wurde nach Rücksprache mit Dr. Michael Colsman (Angaben zu ihm siehe Einführung) in einigen Punkten erweitert bzw. präzisiert, so dass sich am Ende eine gemeinsame Autorschaft des Vortrags ergab.

Die nachstehenden Betrachtungen versuchen, den Buddhismus unter integrativen Gesichtspunkten zu interpretieren. Notwendig ist dabei von einer Auseinandersetzung und Erschließung auszugehen, wie sie sich im Abendland v. a. seit dem 19. Jahrhundert vollzieht. Die Buddhismusrezeption leidet im Okzident allerdings, was die Übersetzung und Interpretation betrifft, an vielen Unzulänglichkeiten und desintegrativen Entstellungen, die bis heute nicht ganz überwunden sind. Ähnlich wie die antike griechische Kultur vom Mittelalter bis in die Neuzeit im westlichen Abendland einer mühsamen Aufarbeitung bedurfte, wird auch sie viele Jahrhunderte erfordern, zumal uns die entsprechenden asiatischen Kulturen und Sprachen z.T. in manchem noch ferner sind.

Einleitend soll zunächst auf ein grundsätzliches Problem bei der Unterscheidung zwischen dem Buddhismus und anderen großen Religionen eingegangen werden:

Jede Weltreligion kennt ein höchstes Gut; indessen unterscheiden sich – jedenfalls auf volksreligiöser, theologisch-dogmatischer oder logisch-philosophischer Ebene – die Auffassungen über den letzten Grund aller Wahrheit und Wirklichkeit erheblich: So steht z.B. bei den theistischen Offenbarungsreligionen, Judentum, Christentum und Islam, der personal gedeutete Schöpfergott im Zentrum des Glaubens des Einzelnen wie der Gemeinschaft. Der Buddhismus, den man von seinen Ursprüngen her eher als eine rationale „mystische Religion" (G. Mensching) charakterisieren kann, deutet zwar – etwa im Rahmen einer ‚Erbauungsbetrachtung' (anusmṛti) – eine gewisse Hierarchie quasi kosmologisch relevanter übermenschlicher Wesen (Deva bzw. Mahābrahmā[89]) an, die im oberen Bereich zunehmend schöpferische und dann schließlich abstrakt überpersönliche Züge[90] tragen; aber solche erhabenen kosmischen Wesen bzw. kontemplativ erfahrbaren Bereiche haben für ihn keine heilsentscheidende Funktion, zumal sie selbst einem zeitlichen, wenn auch äonalen Entstehen und Vergehen unterworfen sind. Unverbrüchliches Heil und Vollkommenheit wird letztlich nur gewonnen aufgrund der verwandelnden Erfahrung eines – eigentlich unnennbaren – überzeitlichen „Ungeborenen, Ungewordenen, Ungeschaffenen, Ungestalteten". Dabei ist dieser umfassende Bereich des Nirvāṇa im höchsten überweltlichen DHARMA („tragende" Wahrheit, Wirklichkeit; Gesetz) gleichsam „aufgehoben" (Hegel), integriert. Das höchste Gut wird im Buddhismus also letztlich in engem Zusammenhang mit der spirituellen Verwirklichung verstanden.

Und doch gerade deshalb vermag auch im Buddhismus die höchste Wahrheit und Wirklichkeit (DHARMA) in einem tiefen Sinn quasi Personales zu berühren und einzuschließen:

Denn dafür spricht, dass selbst ein Buddha nach seiner vollen Erleuchtung[91] diesem DHARMA in einer durchaus persönlich gefärbten Haltung höchsten Respekt und Ehre erweist,[92] wobei er allerdings in nicht-dualistischer Weise[93] mit ihm eins (oder – im Sinne der mystischen Via eminentiae[94] ausgedrückt – „übereins") gedacht ist. Und mehr noch: auch andere „edle", d. h. zur unbedingten, überweltlichen Wahrheit spirituell erwachte Personen sind in ähnlicher Weise darin zunehmend verwirklicht. Für den religiösen Vollzug bedeutet dies, dass dem Buddha und der Gemeinschaft „edler" verwirklichter Personen (Sangha) durchaus eine grundlegende personal vermittelnde Funktion für die Realisation des höchsten Guts (DHARMA bzw. Dharma als Weisheits-Lehre) zukommen, sind sie doch integraler Bestandteil des allgemeinen buddhistisch-religiösen Bekenntnisses, also der spirituellen Wegorientierung oder – wie es heißt – „Zuflucht". Dies gilt im Besonderen für solche Menschen – und es sind die meisten – die sich auf ihrem spirituellen Weg vor allem auf Vertrauen bzw. Glauben stützen.[95]

Aus dem Gesagten wird deutlich, dass sich die Frage nach der Bedeutung des Personalen für Weg und Ziel der Vervollkommnung in den theistischen Offenbarungs- und mystischen Religionen (Buddhismus, z.T. Hinduismus) komplexer darstellt, als häufig angenommen. Denn die schroffe Entgegensetzung dieser beiden Typen von Religion trifft, was ein persönliches versus un- bzw. überpersönliches Verhältnis zum Summum bonum angeht, vor allem nur auf volksreligiöse oder rational-dogmatische Glaubensvorstellungen zu. Bei tiefer gehendem spirituellem Denken, Glauben und Praktizieren nähern sich die verschiedenen Religionen einander an. Entsprechend wird sich von der Ebene der Erfahrung – zumal der mystischen – her der Dialog der Religionen leichter gestalten als allein auf der Ebene mentaler Konzepte und Glaubensdispute. Dennoch ist im Gespräch der Religionen auch die differenzierte Auseinandersetzung mit den Anschauungen, Übungen und Lehrinhalten der jeweils anderen Seite erforderlich. Denn dies wird uns davor bewahren, eine oberflächliche Einheit der Religionen anzunehmen. „Einheit sollte nie auf Kosten produktiver Verschiedenheit und Lebendigkeit hergestellt werden, sondern aufgrund einer Koordinierung der wesentlichen Differenzen zu einer Harmonie [führen], die stark genug ist, auch die größten Gegensätze zu überbrücken und zusammenzuhalten".[96]

Zum buddhistischen Welt- und Menschenbild[97]

Im Gegensatz zur christlichen Ansicht von einem bestimmten, quasi geschichtlichen Beginn und Ende der Welt[98] lässt sich nach dem buddhistischen Weltbild kein Anfang der „Wandelwelt" (Saṃsāra) erkennen. Alter buddhistischer Tradition gemäß nimmt dabei etwa das Saddharma-Puṇḍarīka-Sūtra, ein Text des Großen Fahrzeugs (Mahāyāna), an, dass es so viele Weltsysteme gebe wie „Sandkörner am Ganges".

Im spekulativen Denken des Abendlands an der Schwelle zur Neuzeit kann man mit den nötigen Abwandlungen ähnliche Vorstellungen über eine unendliche Zahl von Welten etwa bei Giordano Bruno (1548 – 1600) finden.

Grob gesagt, entfalten sich nach gewissen buddhistischen Überlieferungen[99] ein natürlicher Kosmos sowie die sich darin entwickelnden Wesen aus feinkörperlich-formhaften Bereichen heraus, wobei der leere Raum nach solchen Texten als eher vorgeordnet existierend zu denken ist. Nach dem frühen Buddhismus werden in noch mythischer Diktion dann „unter" und „über" einer irdisch-sinnlichen Welt subtile schlechte und gute Mächte bzw. Wesenheiten, wie (dem Guten) feindliche Kräfte (asuras) und „Götter" (devas), angenommen.[100]

Insgesamt unterliegen die sehr lange Zeiten bestehenden Welten periodischen Expandierungs- oder Auflösungsprozessen. Auch die darin lebenden Wesen sind immer wieder dem Entstehen und Vergehen unterworfen, solange sie nicht zur befreienden Erkenntnis durchgedrungen sind und sich nicht vervollkommnet haben.

Dabei sind (Wieder-)„Geburt", Qualität des Daseins und Lebenslänge der Wesen von der Gesetzmäßigkeit des „Karma" („rückwirkende Tat") mitbestimmt. Dieses Gesetz mag zwar (selbst-)erzieherische Funktionen einschließen; es ist aber nicht im Sinne eines „Lohn-Strafe-Denkens" oder einer mechanistischen Vergeltungskausalität zu verstehen. Vielmehr besagt es, dass das weltliche, in der Regel von einer gewissen Unbewusstheit und Unwissenheit beeinflusste Wollen und Handeln Gewohnheiten schafft und das Schicksal jetziger und künftiger Existenz mitprägt.

Der innerweltliche Erfahrungshorizont des Menschen mag aber infolge vertiefter Meditation über den Bereich der sinnlichen irdischen Welt und Begierde hinaus geweitet werden. Dabei ist sogar ein Einblick in höhere subtile[101] sowie unanschauliche[102] Aspekte des dreifältigen Kosmos[103] sowie der Wesen möglich. Doch können solche Einsichten in geistige Ebenen auch auf der Stufe des alltäglichen irdischen Bewusstseins eine vollständigere, integrative Weltsicht fördern.

Indessen ist mit derartigen Erfahrungen in höheren „Weltbereichen" noch nicht notwendig ein Durchbruch zur unbedingten Sphäre der Wahrheit und Wirklichkeit (DHARMA-dhātu) verbunden. Denn erst mit einem Vorstoß zur vollen Wahrheit wird ein wahrhaft ganzheitsorientierter Weg und Horizont sich auftun, der sich in unserer Zeit sogar möglicherweise global im Sinne eines neuen integrativen Bewusstseins ankündigt, wie es in den Beiträgen zu dieser Festschrift verschiedentlich anklingt. Auch wenn im Buddhismus diese umfassende Wahrheit eigentlich als unsagbar und unbeschreiblich gilt, so weisen doch viele Ausdrücke gleichsam wie Fingerzeige darauf hin, so z.B.: Volles spirituelles Erwachen, Ziel; Unbedingtes, Frieden, Wahrheit,[104] Nirvāṇa.

Im Zusammenhang mit der äonalen „Geschichte" der Menschheit gesehen, tritt nun nach dem frühen Buddhismus[105] in einem vom religiösen Verfall bedrohten Weltzeitalterstadium ein spiritueller Lehrer von universellem Rang auf, der den Wesen gemäß ihrer Bewusstseinsstufe Wege zur Befreiung weist. Sieben solcher einzigartig innerhalb Weltepoche erscheinenden „vollkommen universell spirituell erwachten Buddhas" sind nach früher Überlieferung bekannt: Die ersten drei lebten in sehr lange zurückliegenden Weltzeitaltern; von den weiteren drei der fünf Erleuchteten unseres „glücklichen Weltzeitalters" (bhadra-kalpa) wissen wir, abgesehen von ihrem Namen, ihrem angeblichen Wohnort in Nordindien und einigen archaischen Geschichten, wenig. Konkret greifbar wird uns erst der historische Buddha Gautama, der vor etwa 2500 Jahren in Nordindien lebte. Er hat uns mit seiner Weisheitslehre und -praxis (Dharma) einen Erlösungs- und Vervollkommnungsweg aufgezeigt. Sein Wirken fällt in die sogenannte „Achsenzeit", in der nach Karl Jaspers weiten Teilen der Welt das mental-rationale Denken erblühte. Buddha Gautamas Lehre von den „Vier edlen Wahrheiten", der Vermeidung von Extremen zugunsten des „Mittleren Wegs", vom „Entstehen in Abhängigkeit" (pratītyasamutpāda) sowie allgemein seine Betonung eigenständigen Denkens trägt zwar vergleichsweise prononciert rationale Züge; doch es war wohl gerade das Großartige seiner Persönlichkeit, dass er höhere Erkenntnis und Rationales mit universell mitfühlendem Gemüt und tatkräftigem Handeln harmonisch verband. Der fünfte Buddha des gegenwärtigen (bei allem relativ) glücklich zu nennenden Weltzeitalters, Maitreya („der Liebende"), soll in der künftigen Weltepoche erscheinen. Sein Wirken steht schon seinem Namen entsprechend nach vor allem im Zeichen liebevoller Hinwendung (maitrī) zu allen Wesen.

A. Ganzheitsbezogene Aspekte frühbuddhistischer Weltanschauung und spiritueller Praxis

Der historische Buddha führte in seinen Lehrgesprächen häufig stufenweise an die höheren Wahrheiten heran. Für den innerweltlich lebenden Laien ging es zunächst vor allem um die Entwicklung von Tugenden, wie Gebefreudigkeit und Sittlichkeit, am Leitfaden der Karma-Ethik, dies mit Blick auf höhere Geburt als Mensch oder übermenschliches Wesen. War eine gewisse Reife erlangt, die es erlaubte Licht- und Schattenseiten des sinnlichen Begehrens ungeschminkt zu sehen, wies er dem im weltlichen Leben stehenden Laien darüber hinaus den Weg zur umfassenden Befreiung, indem er die Vier edlen Wahrheiten darlegte.

Andere buddhistische Richtungen, wie z.B. gewisse Schulen des Mahāyāna, gehen bei der Vorbereitung für den höheren Weg der Vervollkommnung in der Regel von einer lange Zeit beanspruchenden „Wegetappe der Ansammlung" aus, d.h.: einer Anreicherung des seelischgeistigen Kontinuums mit verdienstlichen Wirkenskeimen sowie tiefen, wenn auch noch relativen Erkenntnissen über die höchste Wirklichkeit.[106] Denn nach dieser Auslegung bewegt sich das Verständnis der Vier edlen Wahrheiten zunächst nur auf relativer Ebene. Erst nach einer intensiven Phase spiritueller Praxis, bei der die fünf Fähigkeiten und Kräfte[107] zunehmend ausgeglichen sind, erfolgt die eigentliche Schau des Unbedingten. Hier leuchtet dann unmittelbar die ganze Tragweite der Vier Wahrheiten auf, womit zugleich sich im engeren Sinn eine Wandlung von einem weltlichen zu einem „edlen" (ārya) Wesen vollzieht.

Vor allem dem frühen Buddhismus gelten die Vier edlen Wahrheiten als die zentrale, den Buddhas eigentümliche Lehre (Dharma). Konkret betrachtet, sind sie nach einem Vierschritte-Schema von der Art der Heilkunst konzipiert[108]. Danach gilt es, (1.) die Unheilssituation, das ‚Leiden' (duḥkha), erst einmal gründlich symptomatisch zu diagnostizieren; dann muss man (2.) die Ursachen dafür herausfinden; schließlich sind mit Blick auf (3.) das Therapieziel der Heilung (4.) geeignete Therapieverfahren anzuwenden.

Die vier edlen Wahrheiten (oder: Wahrheiten für Edle bzw. der Edlen)

I. Die edle Wahrheit vom Leiden.

Das Sanskrit-Wort „Duḥkha", das meist mit „Leiden" übersetzt wird, bedeutet u.a. wörtlich „Schwergängigkeit", etwa eines Rades, das eine schlechte (duḥ-) Nabe (-kha) hat und deshalb nicht recht laufen will.[109] Dem entspricht auch später die Vorstellung der ungleichmäßigen Bewegung eines (Wasser-) Rades als Symbol für das Werden in der von Unwissenheit und Begehren („Durst") beherrschten Wandelwelt (Bhava- bzw. Saṃsāracakra)[110]; dieses Rad steht im Gegensatz zum „Rad der Wahrheit(-slehre)" (Dharmacakra), das der Buddha mit der Darlegung der Vier edlen Wahrheiten in Gang gesetzt hat. So schließt der Begriff „Duḥkha" im weitesten Sinn Unzulänglichkeit und Unvollkommenheit ein. Ein weltlich orientierter Mensch, der die tiefste Wahrheit des Unbedingten weder geschaut noch ein gewisses Verständnis oder Vertrauen diesbezüglich auf relativer Ebene der Wahrheit erlangt hat, vermag eben nicht einen Pfad umfassender Vervollkommnung oder

Befreiung einzuschlagen. Sein Leben ist bis tief ins Innere „Duḥkha" unterworfen, dem er auch aktual immer wieder ausgesetzt ist.

Bei der umfassenden Analyse von „Duḥkha" bedient sich der Buddha systematisch der Kategorien von fünf „Schichtkomponenten" bzw. – wenn man den Ausdruck mehr aktualistisch phänomenologisch oder äußerlich „empirisch" interpretieren will – „Erfahrungskomplexen" (skandhas) einer Person. Mit ihnen sind die Menschen bzw. die weltlichen Wesen gewöhnlich mehr oder weniger bewusst ichhaft identifiziert, sie haften mit ihrer Begehrensnatur daran (upādāna). Im Zusammenhang mit „Duḥkha" lassen diese Schichtkomponenten kurz, wie folgt beschreiben[111]:

1. Die Wesen, z.B. der Sinnenwelt, haben einen Körper (rūpa). Zwar gilt menschliche Geburt als besonders günstig für die spirituelle Verwirklichung, etwa weil es in der Menschenwelt in der Regel weder zu viel noch zu wenig Leid gibt; doch ist das inner innerweltliche Dasein physisch gesehen dem Krank- und Altwerden sowie schließlich dem Sterben ausgesetzt.

2. Schon deswegen ist das irdische Leben auf der vergleichsweise innerlichen Ebene der „Gefühlsempfindungen"[112] (vedanā) Sorgen, Jammer, Schmerz, Trübsal und Verzweiflung ausgeliefert.

3. In mehr verstandesmäßig, aber noch anschauungsgebunden gewahrender (saṃjñā[113]) Hinsicht finden sich die Wesen, was ihre Umgebung betrifft, bald mit Unliebem vereint, bald von Liebgewordenem getrennt.

4. Auf einer grundlegenderen, strukturellen Ebene, die gleichermaßen un- und unterbewusste[114] wie höher bewusste[115] seelisch-geistige Bildekräfte (saṃskārāḥ) umspannt, bedeutet „Duḥkha", dass man im innerweltlichen Leben immer wieder enttäuscht und frustriert ist, weil das weitere Dasein und Schicksal nicht den Wünschen entspricht.

5. Das mit diesen ‚seelisch-geistigen Bildekräften' eng verquickte unerlöste phänomenale ‚Bewusstsein'[116] (vijñāna) kann man als Träger des endlichen Lebens[117] verstehen. Insofern wird es durch die genannten anderen vier Schichtkomponenten der innerweltlichen Person gestützt[118] und umgreift diese. Doch besteht es nicht etwa im Sinne einer ewigen Seele (ātman) unveränderlich, sondern es ist in heilsamer, stagnierender oder unheilsamer Richtung der Entwicklung und dem Wandel über die Wiedergeburten unterworfen.

Der frühe Buddhismus betrachtet v.a. zum Zweck der Entfaltung ‚befreiender Einsicht' (vipaśyanā) alles bedingte, bloß innerweltliche Dasein letztlich dynamisch unter dem Blickwinkel dreier Merkmale: Insofern es nicht beständig (anitya) ist, kann es, zumal es, genauer betrachtet, mit vielen Unzulänglichkeiten und Leiden (duḥkha) verbunden ist, niemals dauerhafte Zufriedenheit gewähren. Und deshalb kann es wiederum kein beharrendes, sich genügendes Selbstsein (anātman) in diesem Dasein geben. So ist die Haltung im frühen Buddhismus vor allem auf Loslösung und Befreiung gerichtet; doch betont der Buddha die Bewährung im alltäglichen Leben und im Umgang mit den Mitwesen. Als bester spiritueller Wegsucher gilt ihm, wer bei seinem Streben nach Heil und Vervollkommnung sich *und* andere im Blick hat.

Im Vergleich zum Mahāyāna steht der frühe Buddhismus indessen primär für innere Umkehr und Abkehr von allem Unheilsamen sowie Bedingten. Denn erst das Große Fahrzeug stellt die Hinwendung zur Welt aus Liebe (maitrī) zu den Mitwesen allgemein in den Mittelpunkt der Religion.

Man hat insofern besonders die ältere buddhistische Überlieferung als eine traurige oder gar pessimistische Weltanschauung gebrandmarkt, die zu sehr das Vergängliche betone, sich übermäßig mit dem „Leiden" beschäftige oder gar das Leben verneine.

Doch ist dies ein Missverständnis, ging es dem Buddha ja gerade darum, dass „Duḥkha" in zunehmendem Maß überwindbar ist. Die therapeutisch motivierte Betrachtung der drei erwähnten Merkmale hat nicht nur die negative Funktion, z.B. das nicht oder wenig Heilsförderliche zu relativieren oder zu lassen, sondern sie soll vor allem zur dynamischen spirituellen Entwicklung und Vervollkommnung anregen: so ist es der Zweck der Besinnung auf die Unbeständigkeit (anitya) der Dinge, dazu anzuspornen, die Zeit optimal für den Fortschritt im Guten zu nutzen; die nüchterne Kenntnisnahme der Leiden und Unzulänglichkeiten (duḥkha) in der Welt soll davor bewahren, oberflächlich nur am Angenehmen zu haften und sich dadurch verblenden zu lassen; und das, was sich fälschlich als ein unveränderliches Ich (ātman) wähnt, soll durchschaut und geweitet werden, so dass auch Andere und Anderes in den Weg eingeschlossen werden können: „Was wir [dabei] gewinnen, ist jene höchste Freiheit, die nicht als ein einfaches Verschmelzen in eine ununterschiedene Einheit aufzufassen ist oder als das Gefühl der Identität mit Anderen, sondern als Erlebnis unbegrenzter Beziehungen, der zufolge jedes Individuum in seinem tiefsten Wesen mit allem verbunden ist, das existiert und so alle lebenden Wesen in seinem Geiste umfängt, teilnehmend an ihrem tiefsten Erleben, an ihren Schmerzen wie an ihren Freuden".[119]

II. Die edle Wahrheit von den Ursachen des Leidens:

Unter dem Einfluss von Unbewusstheit und Unwissenheit (avidyā) wandern die Wesen entsprechend dem von ihnen mitgestalteten Schicksal in der Wandelwelt (Saṃsāra) immer neuer Existenz umher. Motor ist dabei die Begierde, nämlich nach sinnlichen Vergnügungen oder möglichen Werdensformen (bhava), die in Abneigung oder Lebensüberdruss (vibhava) umschlagen kann. Die komplexen Zusammenhänge hierbei beschreibt der Buddha genauer als eine gefangen haltende Kette von Bedingungen, deren zwölf Glieder sich in wechselseitiger Abhängigkeit hervorbringen. (pratītyasamutpāda)

III. Die edle Wahrheit von der Aufhebung des Leidens:

Aufgrund zunehmender Überwindung von Unwissenheit, Begehren und Abneigung gelangt man mehr und mehr zu innerer Freiheit und tiefem geistigem Geöffnetsein, zur Erleuchtung (bodhi, wörtl. „spirituelles

Erwachen"). Sie ermöglicht Erlösung vom Zwang unfreiwilliger Wiedergeburten zum Bereich des Nirvāṇa, dem schon eingangs genannten „Ungeborenen, Ungewordenen, Ungeschaffenen, Ungestalteten", über das keine Aussage in Worten mehr möglich ist. Bei aller losgelösten Unbedingtheit befreit diese Erfahrung auch zu einer ganzheitsorientierten Sicht von Wahrheit und Wirklichkeit, wie sie der Buddha humorig im Gleichnis von den Blindgeborenen, die einen Elefanten betasten,[120] angedeutet hat: Die Blindgeborenen können nur einen Teil des Dickhäuters erfassen und geraten leicht darüber in Streit, wie er denn als ganzer zu verstehen sei. Ein Sehender vermag aber den Elefanten ohne Probleme voll zu erkennen.

IV. Die edle Wahrheit vom Pfad, der zur Aufhebung (Heilung) des Leidens führt:

Die vollkommene Überwindung von Unwissen, Begehren und Abneigung erfolgt über den edlen achtgliedrigen Verwirklichungspfad. Er ist ein mittleres Vorgehen zwischen den nicht zielführenden Extremen von weltlichem Sich-Ergehen in sinnlichen Vergnügungen einerseits und sich selbst erschöpfender (Schmerzens-)Askese andererseits. Die Glieder des (Rund-)Weges sind untereinander wie bei einer Juwelenkette verbunden und bilden ein Ganzes. Nach einem Durchbruch zur unbedingten Wirklichkeit auf der Wegetappe der Schau der Vier edlen Wahrheiten gilt es, den edlen achtgliedrigen Pfad voll zu entfalten. Aufgrund der entsprechend sich vertiefenden Anschauung (samyag-dṛṣṭi)[121] vervollkommnet dann eine „edle Person" ihre Gesinnungshaltungen (samyak-saṃkalpa). Sie bemüht sich um volle innere Freiheit gegenüber den Leidenschaften und hegt stets eine liebevolle sowie sanftmütigfriedfertige Gesinnung zu den Mitwesen. Solche (Welt-)Anschauung und Gesinnung wird unter dem Oberbegriff „höhere Weisheit" (adhiprajñā) zusammengefasst.

Im äußeren sittlichen Leben bewährt ein edler Übender sein Denken sodann im Reden. Er spricht wahr; seine Worte sind sinnreich, Eintracht stiftend und nicht-verletzend. Im leiblichen Handeln ist er ehrfürchtig allem Lebendigen gegenüber und bringt keine Wesen um; er achtet das rechtmäßig zustehende Hab und Gut anderer und ist bemüht um geschlechtliche Reinheit; jedenfalls enthält er sich eines ausschweifenden Lebens in Sinnenlüsten. Die grundlegende „höhere Sittlichkeit" (adhiśīla) des edlen achtgliedrigen Pfads schließt nicht zuletzt ein, dass man seinen Lebensunterhalt in einer dem spirituellen Weg förderlichen Weise bestreitet.

Doch der Vervollkommnungspfad bedarf darüber hinaus der Entwicklung „höherer geistig-seelischer Schichten" (adhicitta) bzw. einer meditativen Einswerdung (samādhi i.w.S.). Dazu muss zunächst energisch alle Anstrengung aufgeboten werden, nämlich einerseits das Unheilsame zu lassen und zu überwinden, andererseits jegliches mögliche Heilsame zu entfalten und zu bewahren. Erst auf der Grundlage dieses Fortschreitens im Guten lässt sich eine weitere Gegenwart des Geistes (smṛti, auch: „Achtsamkeit") rein und ausgewogen mit Blick auf sich und Andere[122] entwickeln, so dass schließlich tiefe meditativ-kontemplative Erfahrungen (samādhi i.e.S.) auf dem Weg der Übung der Versenkungsstufen möglich werden. Hier noch einmal ein Überblick über die Glieder des achtfachen Pfads:

Weisheit
1. vollkommene (Welt-)Anschauung
2. vollkommene Gesinnung

Ethik
3. vollkommene Rede
4. vollkommenes Handeln
5. vollkommener Lebensunterhalt

Höhere Geistigkeit bzw. meditativ-kontemplative Einswerdung
6. vollkommenes Bemühen
7. vollkommene Vergegenwärtigung bzw. Achtsamkeit
8. vollkommene Kontemplation
(Befreiung und Erkenntnis der Befreiung)

Bevor in den nächsten Abschnitten kurz auf ganzheitsorientierte Aspekte des Großen Fahrzeugs inklusive des Tantrismus einzugehen ist, sollen abschließend noch einige wenige Einzelheiten zur buddhistischen Tradition der Meditation und Versenkung angesprochen werden. Denn sie hat viele wesentliche Differenzierungen in diesem subtilen Gebiet herausgearbeitet,[123] die mit den nötigen Abwandlungen auch für andere „mystische" Überlieferungen erhellend sein können. Zudem vermag sie auch dazu beitragen, dass die Behauptungen vieler moderner und postmoderner Philosophen, jegliche Metaphysik[124] sei nur ausgedacht und deshalb zu dekonstruieren durch Aufweis von Erfahrungshorizonten jenseits eines verengten „Empirismus" widerlegbar sind.

Meditative Übung[125] führt zu einem intuitiv oder noch darüber hinaus erweiterten Bewusstsein und mag deshalb rückwirkend auf das Alltagserleben auch ganzheitsorientierte Wandlungsimpulse anstoßen. Dabei stützt sich die konzentrative Meditationspraxis zur Entwicklung der Geistesruhe (śamatha) auf ein Übungsobjekt, mithilfe dessen der Geist in möglichst ungeteilter Aufmerksamkeit geschult werden kann. Schon der frühe Buddhismus kannte etwa vierzig Meditationsgegenstände; später kamen viele hinzu.

Übrigens haben auch sogenannte „objektfreie" Arten von Meditation (wie manche Formen der Zen-Übung) ein subtiles Objekt, nämlich z.B. das sehr wache inständliche Erfahren und Zur-Ruhe-Kommen der Geistestätigkeit. Zunächst muss sich aber in der Regel das Bewusstsein auf einen Meditationsgegenstand einschränken[126] lernen, bis es sich schließlich, relativ „objektungebunden", auf alle möglichen Gegenstände richten kann. Nach alter Überlieferung ist aber bei „konzentrativer Meditation" bis einschließlich zur vierten Versenkungsstufe zunehmend „Einsgerichtetheit" vonnöten. Bei einem heilsamen Vollzug sind indessen daneben noch andere sogenannte „Vertiefungsfaktoren", wie in der Tabelle auf der folgenden Seite schematisch angedeutet, wirksam.

Die vierte Versenkungsstufe ist besonders geeignet, die „befreiende Einsicht" (vipaśyanā) in die Natur der bedingten Wirklichkeitsfaktoren zu entfalten. Über diese vierte Vertiefung im feinkörperlich-formhaften Bereich hinaus mögen die vier unkörperlich-formfreien Versenkungsstufen (Raumunendlichkeit, Bewusstseinsunendlichkeit, Nichtirgendetwasheit, Schwebezustand von [dual-unterscheidendem] Erkennen und Nicht-Erkennen) geübt werden. Sie geben tiefe Einsichten in den (kosmischen) Raum und das Bewusstsein und sie führen schließlich ganz nah an einen über das weltlich Bedingte hinausgehenden Zustand heran, die (zeitweiligen) Aufhebung von (dual unterscheidendem) Erkennen und (bedingtem) Gefühltem.

feinkörperliche Versenkungsstufe	Vertiefungsfaktoren	
	im heilsamen Vollzug	wenn unlauter geübt
1. Versenkung	(höheres) *Gedankenfassen und Durchdenken* Aus Loslösung entstehend: begeisterte Freude (Verzückung) und Glückseligkeit; Einsgerichtetheit/Sammlung	Gedankenfassen und Durchdenken – – – – – – „Einsgerichtetheit"
2. Versenkung	Aus Loslösung entstehend: *begeisterte Freude (Verzückung)* und Glückseligkeit; innerlich sich abklärende Zuversicht: Einsgerichtetheit/Sammlung	– – – – – – – – – „Einsgerichtetheit"
3. Versenkung	*Glückseligkeit*; achtsame Vergegenwärtigung; Vollbewusstheit; (hoher) Gleichmut; Einsgerichtetheit/Sammlung	– – – – – – – – – – – – „Einsgerichtetheit"
4. Versenkung	völlig geläuterte achtsame Vergegenwärtigung; Vollbewusstheit; *abgeklärter Gleichmut*; Einsgerichtetheit/Sammlung	– – – – – – – – – „Einsgerichtetheit"

Tabelle: Unterscheidung „heilsamer" und „mit Befleckungen verbundener" meditativer Versenkungen nach „Vertiefungsfaktoren"

B. Einige ganzheitsbezogene Aspekte des Mahāyāna-Buddhismus

Etwa 500 Jahre nach dem historischen Buddha bildete sich mit dem „Großen Fahrzeug" (Mahāyāna) deutlich die zweite große Richtung des Buddhismus heraus. Einerseits konnte der so betont erkenntnisorientierte und schwerpunktmäßig monastische Charakter der frühbuddhistischen Erlösungsreligion kaum die bunten religiösen Bedürfnisse der Volksmassen befriedigen. Andererseits gab es aber in der Mahāyāna-Bewegung bedeutende Denker-Gestalten und spirituell hoch verwirklichte Persönlichkeiten, welche die frühe buddhistische Überlieferung in vielen Aspekten durchaus originell und konsequent weiterentwickelten. Im Folgenden sollen nur einige wenige Aspekte dieser besonders in nördlichen Ländern Asiens wirkungsmächtigen neuen „Fahrzeugs" zum Heil angedeutet werden, soweit sie das Thema dieser Festschrift berühren. Nach dem historischen Buddha gab es drei Typen von Erleuchteten bzw. spirituell Erwachten:

1. Den vollkommenen universellen Buddha (samyaksambuddha), der in einer Inkarnation vor sehr langer Zeit den Entschluss gefasst hat, ein Heilsbringer von umfassendem Rang zu werden. Für einen solchen Buddha ist es bezeichnend, dass er aus eigenen Stücken für viele einen Weg zur Befreiung findet und diesen auch lehren kann. Es heißt, dass er in der letzten Existenz vor seiner Erleuchtung die Kapazität erlangt, entweder ein Weltherrscher oder ein Buddha zu werden. Deshalb gilt er seiner Zeit als eine in weltlicher und spiritueller Hinsicht gleichermaßen außerordentlich entwickelte Persönlichkeit.

2. Den Für-sich-Erleuchteten (pratyekabuddha), der zwar auch selbst ohne fremde Hilfe einen Durchbruch zur Erlösung gefunden hat, den Weg dahin aber vielen anderen nicht eigentlich lehren kann;

3. Den Nachfolger (śrāvaka, wörtlich: „Hörer") eines vollkommenen universellen Buddhas, der aufgrund von dessen spiritueller Lehr- und Übungstradition die Befreiung verwirklicht.

Das Große Fahrzeug relativiert nun das höchste Verwirklichungs-Ideal (Arahat, „Heiliger") der Nachfolger des Buddha (= 3), insofern es behauptet, deren Wunsch, möglichst auf dem kürzesten Weg in das endgültige Nirvāṇa eingehen zu wollen, sei egoistisch; denn es blieben so viele Mitwesen unerlöst zurück, denen man doch auf der langen Wanderschaft durch die Existenzen überaus viel verdanke. Nur ein Buddha habe die Kapazität zu größtmöglicher heilvoller Wirkungsentfaltung. Deshalb sei nur das Ziel der vollen „Buddhaschaft"[128] angemessen.

Zum einen trat nun von daher die Lehre (dharma-śāsana) des historischen Buddha in ein grundlegendes Spannungsverhältnis zur ursprünglichen bzw. unvermittelten Heilssuche, wenn auch des Meisters Wort weiter sehr ernst genommen und, wo sinnvoll, fortentwickelt wurde. Man könnte sagen, dass insofern die Empfehlung des historischen Buddha, sich bei der Prüfung von spirituellen Lehren auf sein kritisches, an der eigenen Erfahrung erprobtes Urteil und den Konsens mit Weisen zu verlassen,[129] noch gesteigert wurde. So erscheinen Lehren und Praktiken im Großen Fahrzeug oft vergleichsweise stärker und manchmal auch integrativer ausdifferenziert als in den Schulen des frühen Buddhismus.

Zum anderen sollte das hauptsächliche Motiv für das Streben nach Vollkommenheit nicht mehr die Überwindung des eigenen Leidens und das Eingehen ins Nirvāṇa nach dem Tod sein, sondern die liebevolle Zuwendung (maitrī) zu allen Wesen und zu verantwortlichem Handeln anregendes „Mitleid" (karuṇā). Diese für das Große Fahrzeug grundlegenden Haltungen schlagen sich auch im unbeugsamen Entschluss nieder, volle Erleuchtung zu suchen, um möglichst vielen Wesen zur Erlösung zu helfen zu können (sog. Bodhicitta). Dem entspricht das neue Weg-Ideal eines nach voller Erleuchtung Strebenden (Bodhisattva).

So bewegt sich das Mahāyāna im engeren Sinne, d.h. das Fahrzeug der „Vollkommenheiten bzw. auf Vollkommenheit gerichteten Tugenden" (pāramitā), um die Pole von „Erkenntnis" (prajñā) und „zum verantwortlichen Handeln anregendem Mitleid" (karuṇā): Von der transzendierenden und integrierenden Erkenntnis her werden dualistische Gegensätze, wie der von bedingter „Wandelwelt" (Saṃsāra) und Nirvāṇa oder solche ethischer Art, quasi dialektisch aufgebrochen. Die Lehre vom „Nicht-Selbst" bzw. von der „Leerheit" (śūnyatā) wird dabei auf die „kategorialen Wirklichkeitsfaktoren" (Dharmas) ausgeweitet. Denn es sei auch in allem Gegenständlichen keinerlei Ansichsein auffindbar und alles Bedingte sei irgendwie abhängig von anderem. Das bedeutet zugleich eine Universalisierung der Vorstellung vom „Entstehen in Abhängigkeit" (pratītyasamutpāda), die sich im Frühbuddhismus noch eher auf soteriologisch-psychologische Zusammenhänge beschränkte.

Von der Seite des zum verantwortlichen Handeln anregenden Mitleids her geht es darum, eine sehr lange und möglichst breite Anreicherung des seelisch-geistigen Kontinuums durch Entfaltung ethischer Grundtugenden zu betreiben. Dazu ist es nach dem Fahrzeug der Vollkommenheiten nötig, schier unbegrenzt viele Wiedergeburten auf sich zu nehmen. Derartige Heilsvorstellungen konnten später bis hin zu der Forderung einer Art Welterlösung aus eigener Kraft gesteigert werden, die dem frühen Buddhismus fremd war. Bei einem bekannten Dichter dieser Bewegung klingt dies etwas überschwänglich, wie ein Gebet, folgendermaßen an: „Solange das Weltall existiert und es fühlende Wesen gibt, so lange möge auch ich bestehen, um die Leiden der Welt zu zerstreuen." (Śāntideva, Bodhicāryâvatāra).

Die Vorstellung des „Buddha" wird einerseits deutlicher ins Transzendente überhöht und zum Dharmakāya („Körper der Wahrheit") ausgeweitet; andererseits wird der Immanenzbezug des Buddhaprinzips stärker betont. Das schlägt sich in der sogenannten Mahāyāna-Lehre von den „Drei Körpern" bzw. Weisen (Trikāya) des Vollkommen nieder.[130]

Der für die frühe Entwicklung des Großen Fahrzeugs so kennzeichnende Weg der sechs oder zehn Vollkommenheiten, der implizit ein Menschenbild enthält, ist nachfolgend kurz zusammenzufassen[131]:

I. Zum Handeln führendes Mitleid (karuṇā)
→ Methodische Mittel für das Heil Anderer (upāya)
   1. Gebefreudigkeit
   2. Sittliche Disziplin
   3. (Freudige) Tatkraft (im Guten)
   4. Geduld/Annahme u. Standhaftigkeit

II. (Transzendierende und integrierende) Weisheit (i.w.S.):
  5. (Versenkungs-)Meditation
  6. Erkenntnis (Weisheit)

III. Höhere Vollkommenheiten:
  7. Geschicklichkeit in den Mitteln zum Heil der Anderen
  8. Vervollkommnung der Bodhisattva-Entschlüsse (Gelübde) oder entsprechender Wunschgebete
  9. Höhere Bodhisattvakräfte
  10. Höchste weisheitliche Erkenntnisse eines Bodhisattva

Aber neben diesem sozusagen heroischen Pfad eines Bodhisattva kennt das das volkstümliche Mahāyāna, was die Haltungen betrifft, noch einen ganz anderen Weg zum Heil: den des ergebenen Vertrauens auf die Buddhas und Bodhisattvas, die aufgrund ihrer langen spirituellen Entwicklung zu helfenden überpersönlichen Kräften von quasi kosmischer Bedeutung geworden sind und vielfältige Formen und Gestalten annehmen können. Dem Gläubigen stehen sie in Not und Gefahr bei und fördern seine spirituelle Entwicklung, sofern und inwieweit er sich ihnen öffnen kann.

Man kann hier mit den nötigen Abwandlungen Entsprechungen zu theistischen Weisen der Frömmigkeit sehen, etwa der augustinisch inspirierten protestantischen Vorstellung, dass das Heil „Allein durch die Gnade" Gottes bzw. seines Heilandes (Christus) dem Gläubigen zuteil zu werden vermag oder, wie im Katholizismus, dass auch Heilige oder andere Nothelfer dabei mitwirken können.

Spätere Entwicklungen des Mahāyāna-Buddhismus stellen, jedenfalls in ihren höchsten Stufen, die bisherigen Sichtweisen auf den Kopf: da das Bedingte, insofern sich dabei kein absolutes Eigen-Sein aufweisen lässt, in gegenseitiger Abhängigkeit entsteht, kann von der nichtdualistischen Sicht eines Erleuchteten aus betrachtet die tiefste Natur des Gläubigen – seine Anlage zum Vollkommenen[132] – nur ungetrennt von den transzendenten Buddhas sowie Bodhisattvas sein. Diese transzendent-universellen Kräfte haben also ihre Entsprechung im Gläubigen selbst. Eine solche Sicht trug dann zur Entwicklung des buddhistischen Tantra bei, das sich etwa 1000 Jahre nach dem „historischen" Buddha herausbildete.

C. Einige ganzheitsbezogene Aspekte im buddhistischen Tantra (Vajrayāna, „Diamant-Fahrzeug")

Der Tantrismus ist eine außerordentlich komplexe und noch relativ wenig erforschte spirituelle Tradition, über die es – besonders auch im Okzident – sehr viele Zerrbilder gibt. Zudem werden vor allem die subtilen Inhalte seiner höheren Stufen strikt geheim gehalten. Es ist deshalb im Rahmen dieses Beitrags zum Buddhismus nur möglich, einige Aspekte von integrativer Bedeutung anzudeuten:[133] Das Wort „Tantra" leitet sich ab von der (Sanskrit-)Verbwurzel „tan-", „sich ausdehnen, fortdauern; weben" und bedeutet u.a. „Webstuhl, Webkette; Gewebe, Kontinuum, Zusammenhang". Mit dieser Bezeichnung klingt schon an, dass das tantrische Menschen- und Weltbild von einer innigen Integration von Mikro- und Makrokosmos, Leib und Geist sowie anderer Polaritäten und Gegensätze ausgeht. Die Grundprinzipien sind Energie und Bewusstsein sowie Transformation.

Die Idee, dass alle Dinge und alles Geschehen in wechselseitiger Abhängigkeit bestehen, findet sich, wie erwähnt, auch schon im Mahāyāna-Buddhismus der Vollkommenheiten: Jede Veränderung des Einzelnen wirkt sich quasi auf das Weltganze aus und umgekehrt, so dass wir nicht nur eine Verantwortung für uns selbst, sondern sogar auch dem Weltganzen gegenüber haben.

Das Tantra zieht ferner aus der Lehre vom Geschehen in Abhängigkeit eine soteriologisch-psychologische Konsequenz: Selbst Eigenschaften, die wir gewöhnlich als Hindernisse auf unserem spirituellen Weg ansehen, können als ein Mittel zu integrativer Vervollkommnung und Befreiung verwendet werden. Dazu müssen wir unser Menschsein in seiner jeweils möglichen Ganzheit akzeptieren. So lässt sich z.B. Aggressivität in eine Energie transformieren, die dazu befähigt, das als richtig Erkannte zu unterscheiden und zu erreichen. Insgesamt gilt der tantrische Grundsatz: Nicht eine äußerliche Loslösung von der Welt macht innerlich frei, sondern das Loslassen des Haftens und Anklammerns sowie die Fähigkeit, sich weise auf den dynamischen Strom des Lebens einzulassen. Einige zentrale Thesen des buddhistischen Tantra lassen sich ferner, wie folgt, zusammenfassen:

1. Das Universelle hat seine tiefe Entsprechung im Individuellen. In ihm wird bei wachsender Erleuchtung das Universum sich seiner selbst zunehmend bewusst.[134] So hat Geistiges Entsprechungen im Leiblichen, z. B. in den energetischen Zentren (Cakras) des feinstofflichen Körpers. Der Leib wird so zu einem Tempel des Geistes, ist nicht als ein eventuelles Hindernis auf dem spirituellen Weg anzusehen, sondern muss in den meditativen Prozess voll einbezogen werden.

2. Leben – auch spirituelles Leben entfaltet sich in Gegensätzen. Deren Spannungsgefüge kann, weise genutzt, Energien zur Weiterentwicklung freisetzen. Gegensätze sind daher notwendig und dürfen nicht einfach zugunsten einer abstrakten Einheit nivelliert werden. Das zentrale Gegensatzpaar im buddhistischen Tantra ist „Transzendente Weisheit" (prajñā, als weiblich gedeutet) und „zur Aktivität anregendes Mitempfinden" (karuṇā bzw. upāya, s.o. unter B., als männlich-aktiv interpretiert).
Nachfolgend ist diese Gegensätzlichkeit etwas zu verdeutlichen: Transzendente Weisheit legt uns nahe, dass von der „Leerheit" (śūnyatā: Realisation der letztlich nicht beschreibbaren Natur aller Dinge) her jegliches innerweltliche Handeln ohne eigentliche Bedeutung ist. Dies befreit von Aktionismus und dem Drang, dass „ich" etwas machen muss (Befreiung vom „Werdedurst", wie der Buddha es nannte.)
G l e i c h z e i t i g bzw. als unmittelbare Folge davon bewirkt das Mitempfinden, dass wir jetzt und hier in einer Welt der Relativität, der Begrenzung, des Ungenügens (duḥkha) leben, die zu einem Handeln aus dem Geist des Bodhisattva-Ideals auffordert. Entsprechend wird das Wesen der Erleuchtung besonders im buddhistischen

Tantra als die Vereinigung von Transzendenter Weisheit und Mitgefühl, das zum Handeln führt, gesehen. Doch auch in ihrer (oft im Bild sexueller Vereinigung symbolisierten) Unio bleiben beide in ihrer Gegensätzlichkeit und Ergänzung bestehen.[135]

3. Scheinbar Unspirituelles (wie z. B. Aggressivität und Sexualität) kann und muss in den spirituellen Entwicklungsprozess einbezogen werden. Auch sind unsere Sinne sowie Schönheit, kreative Imagination und künstlerisches Schaffen, Emotionalität und Intellekt wichtige Faktoren integrativer Wandlung.

Dementsprechend gestaltet sich auch die buddhistisch-tantrische Meditation ganzheitsbezogen transformativ: Ihre Methoden sind insbesondere Mantra (Klangsilben), Mudrā (Gebärden), Maṇḍala und Schaubildentfaltungen der transzendenten Buddhas und Bodhisattvas, mit denen sich der Übende auf den höchsten Stufen zeitweilig identifiziert und so die Verwirklichung der Erleuchtung symbolisch gleichsam vorwegnimmt. Buddhistisches Tantra, das auf indischem Boden entstand und sich von dort nach Tibet, China und Japan ausbreitete, im Okzident zu üben, erfordert einige Voraussetzungen, Vorbereitungen sowie eine gewisse Anleitung. Nicht viele in unseren Breiten daran Interessierte sind geeignet, es ordentlich und mit Gewinn zu praktizieren. Daran ändert auch nichts die Faszination, die von seiner tibetischen Form und deren hauptsächlichem hervorragenden Vertreter, S.H. dem Dalai Lama, ausgeht. Nach Lama Anagarika Govinda, der sich als Deutscher in Asien über viele Jahrzehnte mit dem buddhistischen Tantra beschäftigt hat, ist für eine westliche Praxis des Diamant-Fahrzeuges Folgendes erforderlich:

Allgemein: Kenntnisse über den Buddhismus einschließlich des Tantra; hinreichende psychische Stabilität und Verständnis geistiger sowie psychologischer Ebenen; behutsam dosiertes Üben unter Anleitung; Vermeidung von regressiven,[136] z. B. magischen oder mythisch regressiven Haltungen in der spirituellen Praxis; Verständnis für Rituale und Symbolik, ikonografische Zusammenhänge; Imaginationsfähigkeit bei Sinn für Ästhetik und Kunst; Sprache und Inspiration; Hingabe und Freude.

Aber auch für nicht-buddhistische Wegsucher kann das Diamantfahrzeug Anregungen zu einer integrativen Geistigkeit geben: So, was die erwähnte Grundhaltung betrifft, dass spirituelles Leben und Leben in der Welt nicht als Gegensatz, sondern als notwendige Ergänzung zu begreifen sind, dass es also darum geht, das Leben in seiner Fülle bewusst zu machen und Verantwortung für alles, was es bietet, zu übernehmen; dass also auch möglichst viele Potentiale unseres Vervollkommnungswegs integriert werden sollen.

Blickt man auf die erörterten drei Fahrzeuge des Buddhismus zurück so kann man deren Unterschiede grob folgendermaßen zusammenfassen. Der frühe Buddhismus betrachtet das gesamte bedingte Dasein für sich gesehen primär unter den Merkmalen „nicht-ewig" (anitya), letztlich „ungenügend" (duḥkha) und „nicht das Wesens-Selbst" (anātman). Im Großen Fahrzeug der Vollkommenheiten wird letzterer Gesichtspunkt radikalisiert und universalisiert, indem auch die „objektiven Gegebenheiten" (Dharmas) ihres vermeintlichen Ansichseins entkleidet werden. So eröffnet sich ein umfassenderer immanenter Horizont auf dem Hintergrund der tiefsten unbeschreiblichen Wirklichkeit, die neben positiven Ausdrücken oft nur noch mit der negativen Chiffer „Leerheit" (śūnyatā) angedeutet ist. Im Diamant-Fahrzeug des Mahāyāna ist die diesseitige Wirklichkeit noch mehr integriert: Alle Gegebenheiten erscheinen hier als rein, als Teil des Feldes der Buddha-Wirklichkeit.

Literaturauswahl

- Bollnow, Otto Friedrich: Der Geist des Übens – Eine Rückbesinnung auf elementare didaktische Erfahrungen. Freiburg/Br.: Herder, 1978.
- Colsman, Michael: Bewusstsein, konzentrative Meditation und ganzheitsorientiertes Menschenbild. Bochum. FGL-Verlag, 2015, 2. Aufl.
- Glasenapp, Helmuth von: Die fünf Weltreligionen. Köln: E. Diederichs, 1967.

- Gottmann, Armin: Reise zum inneren Licht, Spiritualität für Anfänger. Stuttgart 2009.
- Govinda, Lama Anagarika: Buddhistische Wege in die Stille, Schöpferische Meditation und multidimensionales Bewusstsein. Grafing 2007.
- Ders.: Die Dynamik des Geistes. Bern, München, Wien 1992. Früher unter dem Titel: Die psychologische Haltung der frühbuddhistischen Philosophie. 1980.
- Ders.: Der Weg der weißen Wolken. Grafing 2013.
- Ders.: Grundlagen tibetischer Mystik. Grafing 2008.
- Jamgön Kongtul Lodrö Tayé: Myriad Worlds. New York: Snow Lions, 1995.
- Kloetzli, W. Randolph: Buddhist Cosmology. Delhi: Motilal Banarsidass, 1983 (1997).
- Langer, Rita: Das Bewusstsein als Träger des Lebens – Einige weniger beachtete Aspekte des Viññāṇa im Pālikanon. In: Wiener Studien zur Tibetologie und Buddhismuskunde, hg. E. Steinkellner, Heft 53, Wien 2001.
- Mojsisch, Burkhart: Meister Eckhart: Analogie, Univozität, Einheit. Hamburg: Meiner, 1983.
- Sakata, Akira: Buddhist Cosmology – Philosophy and Origins. Tokyo: Kosei Publ., 1997.
- Schumann, Hans Wolfang: Buddhismus. München 2005.
- Wetzler, Albrecht: „On the Quadrupel Division of the Yogaśāstra, the Catuhvyūhatva of the Cikitsāśāstra and the ‚Four Noble Truth' of the Buddha." In: Indologia Taurinensia Vol. XII (1984), 289-337.
- Zin, Monika; Schlingloff, Dieter: Saṃ sāracakra. Das Rad der Wiedergeburten in der indischen Überlieferung. Buddhismus-Studien 6/2007. Düsseldorf: Veröffentlichungen des EKO-Hauses der japanischen Kultur, 2007.

Hinweise:
Homepage: www.lama-anagarika-govinda.de / arya-maitreya-mandala.de
DER KREIS, Informationsblatt des Arya Maitreya Mandala.

Der Sufismus in der islamischen Kultur und seine Herausforderung für die Moderne
mit besonderer Berücksichtigung von Hazrat Inayat Khan

Shaikh-ul-Mashaikh Mahmud Khan Youskine

Zusammenfassung: Zunächst ist der vielgestaltige internationale Sufismus nach einigen hauptsächlichen Zügen sowie Persönlichkeiten darzustellen. Dabei soll, einem Schwerpunkt der Arbeit des Vortragenden gemäß, auch der indische und abendländische Sufismus einbezogen werden, wobei der Gestalt Hazrat Inayat Khans (1892–1927) eine besondere Bedeutung zukommt. Denn er stellte sich als einer der ersten Sufisten den Herausforderungen, die die Moderne für den traditionellen Islam bedeutet. In diesem Zusammenhang geht der Vortrag auch auf Übungen und Lehren des Sufismus ein, die zu einem neuzeitlichen Bewusstseinswandel einen integrativen Beitrag geben können.

Zur Person: Mahmud Khan Youskine, Shaikh-ul-Mashaikh (Den Haag), Sohn des (zentralasiatisch-)indischen Erzscheichs Mir Pyaru-miyan Mahboob-Khan youskine-khasset, der in einer langen Familientradition des mystischen Sufismus stand, mütterlicherseits Wurzeln in einer deutsch-holländischen Kolonialfamilie; Studium der Musikwissenschaft und Geschichte an der Universität Leiden; langjährige Beschäftigung mit dem internationalen Sufismus und Islam, besonders im Spannungsfeld Europa-Indien; Tätigkeit im holländischen Außenministerium; sein besonderes Interesse gilt dem Sufismus des neuzeitlichen indischen Mystikers Hazrat Inayat Khan. Veröffentlichungen zum Sufismus u.a. im Sammelband „A Pearl in Wine" (New Lebanon, N.Y.: Omega, 2001), sowie Einführungen zu dem amerikanischen Orientalisten Pir Zia Inayat-Khan (Saracen Chivalry, 2012).

Ich stelle meinem Vortrag ein paar kurze allgemeine Bemerkungen zum Sufismus voran:

Sufismus (Tasawwuf) ist der heute längst bekannte Name für die muslimische Mystik, unter der mehrere frühislamische Strömungen zusammengefasst werden können. Diese Mystik hatte ihren Ursprung und ihre Inspiration im Qur'an bzw. deren Verständnis als Gottesoffenbarung, bildete dann aber von seinen frühen asketischen Anfängen an immer einen ausgesprochenen Gegensatz zur religiösen Orthodoxie. Infolge der rasanten Ausdehnung der islamischen Welt von der „Hedjaz" (Westsaudi-Arabien) bis zum Atlantik und zum Indus hat die islamische „Sharia" (islamische Gesetzgebung) einen bestimmenden Einfluss erreicht, etwa vergleichbar mit jener der Theologie im Christentum. Diese Expansion hat aber zugleich die Entwicklung des völligen Gegenstücks dieser Art Gesetzesreligion, den Sufismus, ermöglicht. Erstere hat zur kulturellen und geistigen spezifisch islamischen Identität beigetragen, letzterer eine besondere Welt- und Geistesoffenheit in Bezug auf Werte und Ideale, die sich aus einer Begegnung mit fremden Kulturen ergaben. So haben ägyptische hermetische, neuplatonische, christliche und gnostische, aber auch zoroastrische und manichäistische und dann auch buddhistische und vedantische Traditionen das Sufitum beeinflusst, und ihm eine gewisse Farbigkeit bzw. Vielstimmigkeit gegeben. Nach etwa sechs Jahrhunderten ständiger Entfaltung erreichte dann der Sufismus einen Höhepunkt in der monistischen Philosophie des Spaniers Abenarabi (Muhyiuddin Mohd. Ibn Arabi 1165–1240) und in der Dichtung des Persers Mewlana Rumi (Djalaluddin, ‚der (Ost-)Römer', 1207–1272) Diese beiden genialen Sufis betonen, dass in der Mystik Unterschiede zwischen Religionsauffassungen keine Bedeutung haben: denn diese verblassen alle in der göttlichen Liebe, die das Herz des Mystikers erfüllt und in dem letztendlichen Wahrheitsbewusstsein, worin göttliche Einheit (Tawhid) alles umfasst und belebt. Alle spätere Sufi-Mystik geht wohl direkt oder indirekt auf diese zwei hervorragenden Persönlichkeiten zurück.

Im Indien der Heiligen und Fürsten entwickelte sich diese Überlieferung besonders lebhaft und voller Innigkeit. So konnte ab etwa 1915 schon behauptet werden, dass der Sufismus intellektuell in Arabien geboren wurde, ästhetisch in Persien zur Reife kam und spirituell in

Indien sich „vollendete". Außer von einigen berühmten Hindu-Philosophen wurde die Herausforderung des westlichen Säkularismus seitens des Sufismus ganz besonders aufgenommen von Hazrat Inayat Khan (1882–1927). Er gliederte auf moderne Art und Weise das Individuum trichotomisch in Physisches, Psychisches, Seelisches und begründete darauf theoretisch und praktisch seine Mystik sowie entsprechende Weltanschauung und Lebenskunst. Sein umfangreicher Nachlass harrt aber noch der Erschließung und wurde deshalb auf dem Hintergrund der in dieser Hinsicht unverzichtbaren Kenntnis seiner Lebensgeschichte bisher kaum wissenschaftlich erforscht.

Nun komme ich zu meinem eigentlichen Vortrag ausgehend von zwei Zitaten von Hazrat Inayat Khan zur „Mystik von Ton und Laut":

Das schweigende Leben

(Zitat 1:) „ Das absolute Leben, aus dem alles entstanden ist, was gesehen, gefühlt und wahrgenommen wird, und in dem alles zu seiner Zeit aufgehen wird, ist schweigendes, bewegungsloses und ewiges Leben und wird von den Sufis *Zat* (Dhat) genannt.

Jede Bewegung, die aus dem schweigenden Leben entspringt ist eine Schwingung und erzeugt Schwingungen. Eine Schwingung erzeugt viele Schwingungen; ebenso wie Bewegung Bewegung verursacht, wird das schweigende Leben gleichsam teilweise aktiv und erschafft in jedem Augenblick mehr und mehr Aktivität, wodurch der Friede des ursprünglichen schweigenden Lebens verloren geht. Durch den Grad der Aktivität dieser Schwingungen sind die verschiedenen Ebenen des Daseins bedingt.

Diese Ebenen stellt man sich als voneinander verschieden vor, in Wirklichkeit aber können sie nicht gänzlich voneinander unterschieden, abgelöst und getrennt werden. Die Aktivität der Schwingungen vergrößert sie mehr und mehr, und so wird die Erde aus den Himmeln geboren.

Das Mineral-, das Pflanzen-, das Tier-, und Menschenreich entsprechen den stufenweisen Änderungen der Schwingungen, und die Schwingungen der einzelnen Ebenen unterscheiden sich voneinander durch Gewicht, Breite, Länge und Farbe, Wirkung, Klang und Rhythmus.

Der Mensch ist nicht nur aus Schwingung gebildet, sondern er lebt und bewegt sich auch in Schwingungen; sie umgeben ihn, wie das Wasser den Fisch, und sie sind in ihm enthalten wie eine Zisterne das Wasser enthält. Seine verschiedenen Stimmungen, Neigungen, Geschäftigkeiten, Erfolge und Misserfolge und alle Lebensbedingungen hängen von einem bestimmten Grad der Schwingungsaktivität ab."

(Zitat 2:) „Die feinsten Schwingungen können auch von der Seele nicht wahrgenommen werden. Die Seele ist selbst aus diesen Schwingungen gebildet, durch deren Aktivität sie sich selbst bewusst wird. (...) Schöpfung beginnt also mit der Aktivität des Bewusstseins, die man Schwingung nennen kann (...). Durch ihre Ansammlung werden die Schwingungen hörbar und mit jedem Schritt in die äußere Welt vervielfältigen sie sich und materialisieren sich entsprechend ihrer Beschleunigung. Der Klang gibt dem Bewusstsein den Beweis für sein Vorhandensein, obgleich es in Wirklichkeit der aktive Teil des Bewusstseins selbst ist, der sich in Klang umwandelt. Der Erkennende erkennt sozusagen sich selbst; mit anderen Worten: Das Bewusstsein bestätigt sich selbst durch seine eigene Stimme. Daher spricht Klang den Menschen an."

Hazrat Inayat Khan erneuert hier alte vedische Vorstellungen von „Nada Brahma", „der schöpferischen Gottheit des Klangs", die auch als „Anahat nada", „innerer Klang", bezeichnet wird. Der Klang oder – noch elementarer – der Ton besteht aus Schwingungen, Vibrationen, Bewegung. Sie bedeuten einen ersten konkreten Lebensimpuls. Dem entspricht eine analytisch-ausfaltende oder evolutive Sicht, wie sie gewissen hinduistischen oder buddhistischen Richtungen, etwa dem kaschmirischen Shivaismus oder Tantrismus, eignet. Eher negativ bzw. aufsteigend ist die letztendliche Lebenserfüllung als „Verwehen", „Nirvana" oder „Befreiung" („Moksha" oder „Mukti") angedeutet. Ihm entspricht der Rückgang auf den jenseits aller menschlichen, existentiellen Not liegenden Kern der Wirklichkeit, der nur noch negativ formulierbar ist. Doch geht – absteigend und kreativ – diese Vibrationsbewegung vom ‚abso-luten Leben' aus, das in philosophisch säkularisierter Sprache kurz „Dhat", „Essenz", bzw. – ausführlich – „Dhat ilahi", „göttliche Essenz", genannt wird. Dieser Ausdruck spielt in der arabischen Theologie, der islamischen Philosophie sowie sufistischen Mystik eine zentrale, wenn auch jeweils unterschiedliche Rolle.

Auch für Hazrat Inayat Khan kann nichts aus Nichts entstehen: die grundlegende Frage bleibt die nach dem allerersten Ursprung, auch wenn dieser immer nur so denkbar ist, dass er über Zeit und Raum hinausgeht. Doch ist Hazrat überzeugt, dass, mit der Zeit, wenn auch von ganz verschiedenen Seiten her, Mystik und Naturwissenschaft zu denselben Erkenntnissen gelangen. In seinem Werk „Östlicher Rosengarten" (Eastern Rosegarden) arbeitet er dann diese indisch analytisch ausfaltende bzw. evolutive Auffassung in eine mehr westlich-lebensanschauliche aus. Dabei ist immer gegenwärtig zu halten, dass er – von einer mündlichen Überlieferungstradition herkommend – sich mit Vorliebe in Bildern ausdrückt, anstatt in abstrakten Begriffen geschriebener Texte. Die Uressenz lässt sich nur als etwas sehr Subtiles, aber intensiv Lebendiges vorstellen. Lebendig heißt aber auch: sich bewegend, schwingend, schöpferisch.

Hazrat Inayat Khan war also ständig bestrebt, die negativen Deutungen, wie Nirvana und Mukti, auszufüllen mit einer positiven Deutung. Schließlich schloss er auch an die ganze Iranische und Abrahamitische Religionsgeschichte an mit ihren Traditionen von Gotteserfüllung. Diesen Reichtum an Bilderkonzepten hat er dann, in Anschluss an den hinduistischen Polytheismus, als *a higher form of idolatry* aufgefasst: „from idol to ideal". Über die Ideale hinaus erreicht man die letztendliche Wirklichkeit. Und weil diese als eigentliche Lebensessenz und kreativer Lebensimpuls zu verstehen ist, ist sie auch das Wesen Gottes, Ursprung, Essenz und Ziel des ganzen Daseins.

Für Hazrat Inayat Khan sowie seine Brüder und Nachfolger gab es kein Entweder-Oder zwischen der analytischen Annäherung von Buddhismus und Hindu-Auffassungen (z.B. *Advaita* oder *Samkhya*) einerseits, und dem substanziellen, oder besser integrativen Verständnis einer religiösen Spiritualität andererseits. Immer gehören ja Einheit oder Substanz und Analyse zusammen, beide haben ihre eigene Gültigkeit und ihren eigenen Wert. Die Blume kann im Garten genossen oder im Labor studiert werden, wenn auch sie bei solchen Untersuchungen vorzeitig vernichtet wird. In beiden Fällen aber ist ihre Essenz, der Duft, durch aktuelle und erneuerte Blüte oder über Verarbeitung zu Parfüm, sich weiter genussvoll erlebbar.

Bei Hazrat Inayat Khan gibt es, über das *cogito ergo sum* hinaus, im menschlichen Dasein drei Stufen der Existenz und des Bewusstseins. Deren harmonische, d.h. ausgeglichene Entwicklung ermöglicht die eigentliche letztendliche Daseinserfüllung sowohl im weltlichen, psychologischen wie im metaphysischen Sinne. Schlüsselbegriff dabei ist „Selbstverwirklichung" (Selfrealization), was bei Hazrat die vollendete Fülle persönlicher Erfahrung (experience) bedeutet. Sie findet ihre beständige Vervollkommnung in einer edlen Heiterkeit (satisfaction), die einen dauerhaften Zustand von Liebes- und Schönheitsbewusstsein ermöglicht.

Die drei Stufen sind im Einzelnen: die physische, die psychologische und die seelische. Die psychologische Stufe entspricht dem mentalen Geist und Gemüt (*mind* und *heart*, Geist und Herz), wobei der mentale Geist die Oberfläche, das Gemüt die Tiefe dieser mittleren Stufe betrifft. Der mentale Geist wird ja genährt von der Wechselbeziehung zu der über den Körper erfahrenen äußeren Welt und schafft damit die Grundlage für den Verstand und die Emotionen.

Während der mentale Geist sich mehr aufgrund der äußeren Eindrücke formiert, entwickelt sich das Herz in seiner Gemütstiefe aufgrund äußerer Anregungen aus dem innerlich schon vorhandenen Potential von höheren Gefühlswerten, wie Liebe, Schönheit, Idealismus, Menschlichkeit, Dankbarkeit, Spiritualität. Wie bei Hazrat der mentale Geist Sitz des Intellekts ist, so ist das Herz Sitz der Intuition, der eine umfassende Bedeutung zukommt; denn sie ist breit abgestuft und reicht bis zum Instinkt der Tiere hinab; andererseits reicht sie bis zur Offenbarung der Propheten und erleuchteten Seelen hinauf. Intellekt und Intuition gehören jedoch zusammen, wobei jeder Mensch deren Verhältnis für sich selber herauszufinden hat. Ein Primat einer gewissen Intuition kann sich aber schon äußern im Geschmack, der eine verstandesmäßige Wahl irrational zu bestimmen vermag: Diese Art von Subjektivität beeinflusst dann die intellektuelle Objektivität.

Die dritte und weitaus wichtigste Stufe im Menschen ist die meist nicht bewusst gespürte, aber alles bestimmende Seele, der wesentliche Lebensimpuls des Daseins, der Meister Eckharts Fünklein Gottes entspricht. Es ist die Mystik, wodurch dieses Bewusstseinserlebnis erfahren und zur Blüte gebracht werden kann, d.h. durch Verinnerlichung des Seinsbewusst-seins. Das empirische Ich-Bewusstsein von Körper und Geist, das Ego (oder Nafs) sollte für die Zeit der Meditation möglichst verlassen werden. Wachsende Beherrschung von Körper und Geist ermöglicht es, sich auf der Herzensstufe für die Erleuchtung der Seelenerfahrung zu öffnen.

Spirituelle Disziplinen, wie Yoga, Zen oder Sufismus, kommen letztendlich zur gleichen Erfahrung der mystischen Wirklichkeit, wenn man dies Erleuchtungserlebnis auch je nach dem kulturellen Umfeld unterschiedlich konzeptionalisiert und sprachlich ausdrückt.

Auf dem Weg des Sufismus gibt es, genauer besehen, folgende vier Stadien des Fortschritts: Konzentration, Kontemplation, Meditation, Realisation (Verwirklichung). Diese können im klassischen Sufismus, wie auch bei Hazrat, didaktisch gedeutet werden mit dem Begriff „fana", „Vorbeigehen an sich selber", d.h. erstens in der Beziehung zum Lehrer oder zu weiteren Quellen (Brunnen) der Erkenntnis; zweitens im Bezug auf abstrakte Ideale und Werte; drittens als „fana fi Illah", das Aufgehen in der göttlichen Wirklichkeit, oder – bei den nicht-theistischen Systemen – in ein absolutes Sein. Darüber hinaus gibt es in den theistischen Systemen eine weitere, endgültige Stufe des „baqa bi Illah", des seelischen Überlebens in der göttlichen Wirklichkeit, im Wesen Gottes. Die seelische Gottesverwirklichung reicht also über den geistigen Anthropomorphismus, die mentalen Gottesbilder, weit hinaus in die „göttliche Essenz", „Dhat ilahi". Als seelische Erfahrung erscheint sie als Erleuchtung und im Leben nach dem Tode als metaphysische Realität; beide bedeuten eine Erfüllung des Daseinsbewusstseins über die körperlich-mentale Egobegrenzung hinaus.

Über die Fana-Stadien ganz kurz noch Folgendes: Im ersten Fana-Stadium, d.h. der Konzentration, soll schon eine erste Stufe der für

Mystik so sehr bezeichnenden Immanenz eingeübt werden. Dementgegen sprechen die Religionen gewöhnlich anthropomorph von einem göttlichen Willen oder einer transzendenten Anwesenheit.

Das, was man von seinem Guru (arab. Murschid) oder aber aus einer bestimmten Schrift gelernt hat, soll dann in einem bedeutsam werden, nämlich als etwas, das überall lebt: in Mitmenschen, anderen Schriften, Umständen, Verhältnissen, mögen sie noch so gering erscheinen; denn sie können einen immer etwas lehren und das Verständnis fördern. Seinem Guru in allem und allen wieder zu begegnen, ist also die Aufgabe auf dem mystischen Pfade, damit die letztendliche Realität, sei sie noch so verdeckt, immer mehr im ganzen Leben präsent ist, ja als die wesentliche Ursache jeder Existenz, der lebende Impuls des Daseins, erkannt wird. In diesem Stadium erreicht man, was heute vielfach als Humanität gilt, Empathie, welche die göttliche oder spirituelle Ebene um eine zusätzliche Dimension bereichert.

Im zweiten Fana-Stadium, d.h. der Kontemplation, dehnt sich diese Geisteshaltung noch weiter und vertiefter in den ideell-abstrakten Bereich aus: In allem Verstehbaren, sei es menschlich, intellektuell, intuitiv, philosophisch oder religiös, soll man das Ideelle der Person oder des Begriffs, in den man eingetaucht ist, zur Geltung bringen. Denn bei Fana geht es ja immer darum, seinem empirischen Ichbewusstsein – dem Ego – zu entsteigen, so dass der Geist sich mit Höherem und Ausgedehnterem zu identifizieren vermag.

Die Erfüllung dieser Fana-Entwicklung erfolgt dann im dritten Stadium: das Aufgehen im Gottesbewusstsein. Nach Absorption im Glauben und Verstehen entsprechend des ersten und zweiten Fana, erfüllt sie sich im Sinne folgender Meditation: „This is the boundary of human progress and further than that is divine progress. What is divine progress?" (…) „It is a state of consciousness (…) what one needs there is meditation." (…) „Instead of being active, one becomes passive" „and if one goes further, there is consciousness in its aspect of pure intelligence" (…) „it is pure spirit".

Das sind also die drei Fana-Stadien, d.h. des physischen, psychologischen und seelischen Seinsbewusstseins durch Absorption oder Assimilation. Nur wenn man erfahren hat, wie über empirisch-menschliche oder körperliche und geistige Ebene hinaus man wirklich lebensvoll im seelischen Dasein als Fünklein Gottes lebt, kann man endlich über allen Anthropomorphismus und anderes Konzeptuelle hinaus die Wahrheit Gottes verkosten.

Das vierte Stadium von Verwirklichung, das der „Realisation", baqa-bi-Illah, steht für eine vertiefte und sich ausdehnende und stabilisierende Verinnerlichung, die der Mystiker als Erfüllung allen menschlichen Daseins erfährt. Der „vollkommene", d.h. ganze Mensch ist derjenige, der oder die neben Körper, Geist und Gemüt (= Verstand und Herz), auch die seelische Dimension in sein Leben umfassend bewusst und authentisch zu integrieren weiß. Auch dieses Stadium steht eigentlich jedermann offen. Denn der Weg ins Innere lässt sich überprüfen wie jede Art von Erkenntnis. Nur braucht es Einsatz, Zuneigung, Idealismus, Selbstdisziplin, Ausdauer, so wie Wissenschaft, Kunst oder alle anderen Errungenschaften des Menschen auch. Dieser Stufe entspricht auch der Weg der Esoterik bzw. der Praxis der Mystik in diesem Leben. Wie verhält sich nun aber diese Esoterik oder eher persönliche Mystik zu dem unsichtbaren Dasein über das irdische Leben hinaus, zur Metaphysik? Denn für viele, die diesen anspruchsvollen Weg nicht oder nicht ganz in ihr Leben aufnehmen können, bleibt doch die Erwartung oder Hoffnung auf Klarheit über eine postmortale Existenz. Wie verhält sich deshalb eine Esoterik oder Mystik zu einer religiösen oder philosophischen Metaphysik?

In der Lehre Harzat Inayat Khans gibt es eine ganz enge Verbindung zwischen diesen beiden Aspekten. Denn aus seinen Vorträgen geht meines Erachtens hervor, dass er primär ein Esoteriker war und doch darüber hinaus auch ein religiöser Mensch und anregender Philosophierender. Das lässt sich auch schon anhand seiner Biographie zeigen. Für seine metaphysischen Sichtweisen war für ihn daher wohl, auch wenn er sich an die Terminologie des klassischen Sufismus hält, in erster Linie die Meditation im erwähnten Sinne entscheidend. Er verleiht ihnen allerdings einen ganz persönlichen Ausdruck, indem er ihnen eine mehr psychologische statt religiöse Farbe gibt.

Doch eines ist dabei auffällig und ganz klar: Hazrats Metaphysik betreibt eine Ausweitung seiner meditativen Esoterik auf eine allumfassende kosmische Ebene, d.h. vom individuellen Mikrokosmischen zum universell Makrokosmischen! Dies wirft dann die Frage auf, welche Auswirkung das für die Erfahrung der letztendlichen Realität hat. Entspricht ihr das Eingehen (Absorption) jedes einzelnen in den Frieden des Nirvana bzw. die Nicht-Zweiheit (Advaita) als letztem, von allen zu erstrebendem Ziel? Handelt es sich also um das Fana fi Illah des Sufismus bzw. die in diesem Fana verheißene „joy, inexpressible in words", worin sich also schon ein Hinüberfließen von Fana zu baqa andeutet? Oder ist es weniger eine friedliche oder freudige Absorption als vielmehr ein Überleben des seelischen Daseins innerhalb der göttlichen Realität?

Im Allgemeinen vertritt Hazrat die Auffassung, dass die göttliche Immanenz in der Seele bestimmend dafür ist, dass der Mensch also durch meisterhafte Einübung auch ein gewisses Maß an Selbstbestimmung in Bezug auf sein geistiges und seelisches Leben behalten könne. Für den weltentsagenden Asketen oder Gott liebenden Mensch wird das friedliche Nirvana bzw. das freudige Sich-Auflösen im Wesen Gottes die ersehnte Erfüllung bedeuten. Für ein umfassendes Verständnis muss man zurückgehen auf das Modell vom mikrokosmischen Ursprung, wie es die Esoterik kennt und wovon sich ja eine gewisse Metaphysik ableiten lässt. Sehr bekannt ist in diesem Zusammenhang das mystische Bild vom Tropfen als Metapher für die Essenz des Menschen: Der Tropfen findet nach langer Reise in Bach und Fluss endlich seine Erfüllung im Ozean.

Aber was sagt Hazrat dazu? Nach seiner Deutung des Gleichnisses strömt das Tröpfchen auch im Ozean weiter: *„Each person becomes for the time as a drop that is assimilated and submerged in its origin. And being submerged for one moment means that all that belongs to the origin is attracted by this drop, because the origin is the essence of all. The drop has taken from its origin everything it has in life. It is newly charged and has become illumined again."*

Weitet man das esoterische Grundmodell zur Metaphysik aus, so bietet sich also im Sinne des *baqa bi Illah* ein seelisches Überleben im

Wesen Gottes an. Das ist keineswegs nur eine allgemeine Behauptung. Denn allein die geistige Haltung des Einzelnen kann ein solches dauerhaftes seelisches Leben ermöglichen. Zwei Bedingungen müssen dazu notwendig erfüllt sein: der Erwerb von Eigenschaften und deren Praktizieren im Laufe des menschlichen Lebens. Dazu braucht es selbsttranzendierende Liebe und aus Dankbarkeit erwachsende Freude. Beide sind Quellen des seelischen Lebens. Dazu gehört auch, dass man also die göttliche Anwesenheit, das tief in der Seele wohnende Fünklein, in der Person, die man selbstlos liebt, anerkennt. Man begegnet sozusagen Gott in den begrenzten Formen. Dies kann sogar schon in diesem Leben oder aber in einem anderen Leben darüber hinaus stattfinden. Damit ist man wieder bei den westlichen Religionen, die ja die Wiederbegegnung mit Gott in der Gestalt, die man sich von ihm gebildet hat, ebenso in Aussicht stellen, wie das Wiederzusammenkommen mit geliebten Verstorbenen.

Als Mystiker in der modernen Welt hat Hazrat Inayat Khan es möglichst vermieden, sich mit spezifischen religiösen Lehren zu befassen. Zur selben Zeit aber, da er seine analytisch differenzierten Vorträge hielt, leitete er privat seine Meditationssitzungen ein mit Quran-Rezitationen und Duruds, Hymnen dem Propheten zu Ehren. Das war für ihn sowie seine Brüder und Nachfolger im säkularen Zeitalter ganz normal. In seiner Metaphysik überwiegt indessen schon ganz früh die analytische Darstellung und sie entwickelt sich später weiter. So war er stets darum bemüht, ein bestimmtes Gottesverständnis hervorzuheben: als Ideal oder Essenz, als immanente und transzendente sowie aktuelle und letztendliche Realität.

Was seine Metaphysik betrifft, ist noch eine weitere Thematik zu erwähnen: der Unterschied von Sein und Bewusstsein. In diesem Leben wird das Sein immer wieder das Bewusstsein lenken. In der Darstellung der mystisch geprägten Metaphysik wandelt sich dieser Vorrang: das Bewusstsein lenkt das Sein, bestimmt aber zugleich die geistige Existenz. Im Bild des Ozeans: von der Oberfläche her betrachtet kann er als ruhig und schön oder aber als stürmisch und ergreifend empfunden werden. Indessen wissen wir heute, dass in den dunklen Tiefen eine zahllose Menge von Geschöpfen leben.

Der Übergang von *Fana* zu *baqa* findet auch schon typisiert in den geistigen Übungen der Esoterik Ausdruck. In der enstatischen dhikr-Praxis (der ekstatische, kollektive dhikr-Ritus des mittleren Ostens wird in Indien nicht oder nur popularisierend gepflegt) beginnt mit der Formel: „Nichts existiert außer Gott": la ilaha illallahu. Diese wird dann immer weiter gekürzt, d.h. intensiviert, bis auf das verlängerte „Hu" (er). Die vollendete Unio mystica (tawhid) gipfelt für den Mystiker in einer Art Bewusstseinsdualismus, auch wenn er in der Meditation mit der Kontemplation der Einheit fortfahren kann. Der Tropfen fließt, ... aber in beide Richtungen!

Das ist es auch, worauf die analytische Vibrationslehre hinausläuft. Denn alles denkbare Leben kann als meist subtile, unmerkliche, aber bestimmende, schöpferische und ständig belebende Vibration gedacht werden. Wie etwa die sauerstoffhaltige Luft eine natürliche Lebensbedingung ist, so ist irdische Luftleere nur ein Produkt menschlicher Laborkünstelei.

In Hazrat Inayat Khans Sufismus gibt es drei meditative Methoden, die ich hier abschließend erwähne: Ähnlich wie im Yoga kennt er 1. sieben Stufen bis zu Samadhi; 2. eine moralisch-religiös und psychologisch bestimmte Disziplin und 3. – als sein mehr oder weniger eigener Beitrag zur Tradition der sufistischen Meditationsverfahren – die verinnerlichte Kontemplation der Schönheit von Natur oder Kunst, besonders der unanschaulichsten aller Künste, der Musik. Kontemplative Versenkung in die Schönheit kann geradewegs zur meditativen Versenkung in seelische Erleuchtung angesichts der Erfahrung des Wesens Gottes führen. Das gilt für diejenigen, die bestrebt sind, weniger durch Entsagung als durch Liebe und Freude eine einheitlich integrative anstatt analytische Lösung der letzten Lebensfragen zu suchen.

Gültig bleiben aber alle spirituellen Wege. Sie sind jeweils eine Bereicherung, die die Fülle des menschlichen und metaphysisch orientierten Daseins ausmacht; gemäß dem persönlichen Bedürfnis und Verständnis, dem Geschmack und der Kultur sollte man dabei immer seinen eigenen passenden Weg wählen!

Anhang

Das integrative kulturanthropologische Modell Jean Gebsers[137]

Michael Colsman

Zusammenfassung: Die folgende knappe Darstellung des integrativen kulturanthropologischen Modells von Jean Gebser will – möglichst unabhängig von einer bestimmten weltanschaulichen, religiösen oder kulturkreisbedingten Voreingenommenheit – einige Strukturen eines ganzheitsorientierten Menschenbildes herausschälen. Sie dürften in unserer globalen multikulturellen Weltgesellschaft für die weitere Forschung sowie existentielle Orientierung anregend und klärend sein. In der heute in vielen Bereichen sich ankündigenden integralen Bewusstseinsstruktur wird dabei auch ein neues Verständnis von Spiritualität deutlich. Die Impulse der mystischen Traditionen in den Weltreligionen können solche integrativen Ansätze fördern.

Waren in der okzidentalen Tradition etwa die (neu-)platonischen und christlichen kontemplativen Modelle des Geistes und entsprechender Stufen des Aufstiegs schon auf Vollständigkeit der Erfahrung des Seienden angelegt, so stellt sich das Problem um Integration des Bewusstseins in der Neuzeit, wenn auch anders, erneut: Die ungeheure Entfaltung des innerweltlichen mentalen Denkens und Erkennens in Kultur und Wissenschaft führte besonders im letzten Jahrhundert zu der Frage, ob die rationale Bewusstseinsstruktur wirklich schon die höchste Möglichkeit des Menschen sei, ja ob sie überhaupt ausreiche, die global sich abzeichnenden Krisen zu bewältigen.[138] Die Antwort auf die herausfordernde Situation der Zeit wurde von Denkern wie Sri Aurobindo[139] sowie Jean Gebser (1905–1973) pionierhaft dahingehend gegeben, dass die mentale Bewusstseinsstruktur durch eine weitere, d.i. integrale, zu ergänzen ist.

Mit dem Blick nach vorn zum Ganzen hat Gebser auch einen differenzierten Blick zurück in frühere Bewusstseinsepochen getan; denn die von ihm aufgewiesene heute sich ankündigende Weltsicht schließt notwendig die Integration von zeitlich vorausliegenden förderlichen Aspekten des Bewusstseins ein. Er verwendet dabei „Bewusstsein" im Sinne eines epochecharakterisierenden kulturanthropologischen Längsschnittbegriffs[140], der nicht nur, wie etwa das cartesische Bewusstseinsverständnis, primär an einer raumbetonten mental-rationalen Konzeption des Bewusstseins orientiert ist. Ich gebe deshalb im Folgenden eine etwas ausführlichere Zusammenfassung seines Modells der Entwicklung menschlichen Bewusstseins[141]:

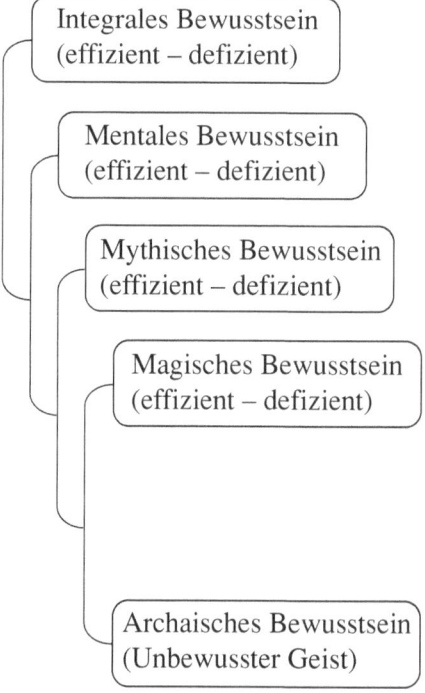

Schematische Darstellung des kulturanthropologischen Modells des Normalbewusstseins von Jean Gebser

Gebsers Untersuchungen zur abendländischen Geistesgeschichte kann man am besten mit dem von Erich Rothacker 1942 in die deutsche Philosophie eingeführten Begriff „Kulturanthropologie" beschreiben.[142] Das Innere, das Bewusstsein des Menschen ist keine rein persönliche Angelegenheit, sondern spiegelt zu einem nicht unwesentlichen Teil die zeitgeschichtlich bedingte Struktur einer Epoche wider. Gebser hat aufgrund umfangreicher Studien v.a. zur abendländischen Kulturgeschichte vier bzw. fünf solcher Strukturen herausgeschält. Sie bilden ein Leitmotiv in den meisten seiner Schriften nach 1943. Im dritten Kapitel seines Hauptwerks „Ursprung und Gegenwart"[143] skizziert er sie konzentriert auf etwa 80 Seiten, worauf ich mich im Weiteren vor allem beziehe.

Obwohl Gebser die einzelnen Strukturen sehr vielschichtig nachzeichnet, legt er doch in seiner Betrachtung einen Schwerpunkt auf die Dimensionen Raum und Zeit. Das kann man etwas vereinfacht und schematisch etwa so zusammenfassen: Der Mensch tritt – spekulativ betrachtet – aus einer quasi „vorräumlich" und „vorzeithaft" archaischen (ursprungshaften) Dimension in ein magisch-punktuelles, aber noch nicht wirklich räumlich oder zeitlich artikuliertes Bewusstsein ein.[144] In einem diskontinuierlichen Sprung – Gebser spricht von einer Bewusstseinsmutation – erweitert sich dieses Bewusstsein zu einer eher mythisch-bildhaften Zweidimensionalität; das Zeitempfinden ist hier erfahrungsgebunden etwa an der Wiederkehr polarer Naturvorgänge, wie z.B. Sonnenauf- und Untergang, orientiert.[145]

In der mentalen Epoche entwickelt sich das Bewusstsein sprunghaft „mutierend" zum vorstellenden und begrifflichen Denken: so schon ansatzweise im jüdischen und später christlichen Geschichtsdenken, ab ca. 500 v. Chr. in der Antike. Besonders mit der Entdeckung exakter Methoden zur Darstellung der Perspektive in der Renaissance und dann in der Aufklärung und Neuzeit wird das Raumbewusstsein ganz entfaltet; auch das abstrakte und als linear fortschreitend interpretierte Zeitbewusstsein ist von dieser Raumbetontheit des denkend-vorstellenden Verstandes beherrscht. Diese Bewusstseinszentrierung in dreidimensionalen räumlich-materiellen Vorstellungen wird indessen nach Gebser im Abendland in den krisenhaften Jahren 1914-1945 tief erschüttert; es zeichnet sich eine „Mutation" in ein Bewusstsein ab, das um eine vierte Dimension erweitert ist. Gebser charakterisiert diesen Sprung in der Bewusstseinsentwicklung einmal negativ in Abhebung zur vorangehenden Strukturdominanz als „raum- und zeitfrei" bzw. „aperspektivisch", andererseits positiv als „integral", „gegenwärtigend".

„Gänzlichend" nennt er diese Struktur, insofern die förderlichen, d.h. nicht degenerierten („defizienten"), Aspekte der früheren magischen, mythischen und mentalen Epochen in ihr nicht vernichtet, sondern auf höherer Ebene bewahrt sind. Der im Archaischen unbewusst angelegte „Ursprung" wird sich hier bewusst in der ganzheitsbezogenen Durchlässigkeit („Diaphanität") des Menschen in der Welt.

Nach diesem groben Überblick über Gebsers kulturanthropologisches Modell am Leitfaden von Raum und Zeit gehe ich auf einige Aspekte der fünf Strukturen näher ein:

(i.) Am wenigsten fassbar bleibt in dem Modell Gebsers die sog. „archaische", d.h. ursprungshafte Nullstufe der Bewusstseinsentwicklung. Der Geist wird hier von ihm als [relativ] „unbewusst"[146] gekennzeichnet und die entsprechende seelische Verfassung mit dem Zustand des „Tiefschlafs" parallelisiert. Andererseits soll dieser Ursprung Urgrund der Welt und „all-bezogen" bzw. „kosmisch" sein. Seinem Wesen, seiner Struktur und seiner Möglichkeit nach ist er sehr umfassend gedacht als „Identität" vor aller Unterschiedenheit sowie als urtümliche „Ganzheit". Schließlich charakterisiert Gebser ihn im Sinne eines „Energieträgers" als „Weisheit". Es ist nicht zu übersehen, dass in der grundlegenden Annahme einer solchen archaisch-ursprungshaften Dimension z.B. psychologische [→ unbewusst[147], Tiefschlaf] – und weltanschaulich quasi metaphysische [→ Welt-Ursprung, Weisheit] Sichtweisen spekulativ verbunden erscheinen. Die archaische Struktur gibt gleichsam die Grundlage für die möglichen weiteren Bewusstseinsepochen ab. Mit dem Bewusstwerden des Ursprungs in der integralen Struktur rundet sich das Gebsersche Modell.

(ii) In der magischen Epoche[148] hat das Bewusstsein noch eine innige Nähe zur unbewusst angelegten Universalität des Ursprungs. Seine Pole von Ich- und Weltsein haben auf dieser Ebene in der Regel noch gar keine oder nur eine ansatzweise Ausprägung gefunden. Inneres und Äußeres sind verwoben, das Erleben einheitlich, wie ein Teppich von analogisch verknüpften punktuellen Eindrücken zusammengeflochten. Insofern entspricht sie einer animistischen Zeit, in der die äußere Welt als belebt und bevölkert von bedrohlichen oder verheißenden Mächten erfahren wird. Gebser bringt sie später mit der Zeit der Jäger und Sammler in Verbindung. Eine Erhöhung des Bewusstseins kann auf dieser Stufe z.B. indirekt angeregt werden über eine charismatische Stammesführergestalt, z.B. einen Medizinmann, oder ein Idol bzw. einen Götzen.

Die ihn verehrenden Stammesmitglieder – sein Clan – sind ihm sympathetisch verbunden. Ferner ist eine Steigerung des Bewusstseins möglich infolge des Bannens schädlicher oder des Herbeibeschwörens förderlicher Mächte, etwa mithilfe von sakralen Formeln, Mantren o.ä.[149], oder Ritualen. In der Kunst finden sich jedoch nicht selten mundlose Darstellungen oder Masken. Das lässt sich so interpretieren, dass in dieser Epoche im Gegensatz zur mythischen die Bedeutung der wesentlich auf einem Schauen beruhenden Sprache noch gering ist. Zum Ende dieser Epoche erlahmt die produktive Kraft der an sich bewusstseinsfördernden magischen Techniken und es machen sich defiziente Praktiken, wie bloße Zauberei, bemerkbar.

(iv) In der sich nach der magischen Epoche abzeichnenden „Mutation" zu einer mythischen Epoche nimmt das Bewusstsein an Weite und Kraft zu: Der Mensch beginnt aus der Naturverflochtenheit herauszutreten. Er entfaltet seine Phantasie geordneter in quasi idealisierenden Erfahrens- und Bildzusammenhängen, die er – eher vergangenheitsbezogen – in Göttergeschichten, Symbolen oder Mysterien nachempfindet. Sein Ichbewusstsein ist noch nicht voll entwickelt, sondern es geht auf in der polaren Ergänzung der Geschlechter – ein später Ausdruck davon sind z.B. Trachten –, in der Elternwelt sowie in der kultischen Wir-Gemeinschaft. Auch Leben und Tod werden noch als polar zueinandergehörende Pole erfahren. Diese Bewusstseinsstruktur entspricht nach Gebser in etwa der Kulturstufe der Viehzüchter und Ackerbauern.

Der Mythos ist dann für die Bewusstseinsentwicklung des Menschen förderlich („effizient"), wenn er noch den Kontakt zur ursprünglichen Wahrheit der geschauten Gehalte hat, abträglich („defizient") dagegen, wenn er bloß „ausgesagt" zur nicht mehr lebendigen Überlieferung verkommt. Der äußere Raum bleibt in der mythischen Zeit noch wenig dreidimensional-gegenständlich erschlossen. Das Bewusstsein orientiert sich im Empfinden und Erfahren an Bildern, die – wie schon gesagt – von Vergangenem sowie naturhaft-zeitlich Wiederkehrendem bestimmt sind.

(v.) Die mythische Zeit wird abgelöst von einer heraufkommenden Mutation zur mentalen Epoche. Hier gewinnt der Mensch umfassendere Vorstellungen von den Weltgegenständen, die er zunehmend perspektivisch zu erfassen sucht, misst und wägt. Er ordnet seine Vorstellungen in Begriffspyramiden und steht als Persönlichkeit „ichhaft" einer solchen Welt von Gegenständen und Zwecken gegenüber. Sein lineares Denken bewegt sich in dualen Gegensätzen, ist aber dialektisch ziel- und zukunftsorientiert. Im Sozialen herrscht eine Sohnes- bzw. Individualwelt mit patriarchalen Zügen vor.

Die mentale Entwicklung trägt in ihrer für das Bewusstsein förderlichen Phase zur Erschließung der materiellen Raumwelt, des Mikro- und Makrokosmos, sowie zur Entfaltung der Persönlichkeit des Einzelnen bei; doch auch die mentale Epoche erlebt einen Niedergang: Die Ratio zerdenkt mehr als sie denkt, die in die Maschinen verlegte Zweckrationalität beginnt eigenläufig den Menschen zu beherrschen, die Masse der Informationen und des mentalen Wissens zersplittert das Bewusstsein, der Mensch wird in seinem Ich zum einsamen Gefangenen.

(vi.) Hier setzt nach Gebser die Mutation zu einer neuen, integralen, Bewusstseinsepoche ein. Die materiell orientierte Raumversessenheit des mentalen Menschen lockert sich auf zugunsten „geistig" begründeter

Freiheitsgrade gegenüber allem bloß Gegenständlichen und Ichhaften. In der Kunst zeigt sich dies etwa in der Ironisierung der Perspektive bei Paul Klee oder in der Aufbrechung mental-räumlicher Sichtgewohnheiten bei Picasso und Braque. Für Cézanne oder Braque ist das Gesichtsfeld sphärisch, nicht mehr perspektivisch wie in der Renaissance.

Außer der Überwindung des perspektivischen Raums wird die eigentliche Zeit, die auf mentaler Ebene mit der Fixierung auf das Räumliche gleichsam verstellt war, frei mit Blick auf den ganzen Menschen in einer transparenten Welt. In der Kunst, etwa bei Braque, ist dies durch etwas Schwebendes zum Ausdruck gebracht. Gebser dokumentiert auch mit vielen Veranschaulichungen, wie sich seiner Ansicht nach in der Architektur ein integrales Bewusstsein auszudrücken beginnt.

Zu beachten bleibt: Die früheren Bewusstseinsstrukturen werden nicht einfach obsolet oder verneint, sondern verwandelt, im dreifachen Hegelschen Sinne des Wortes „aufgehoben", d.i. zugleich bewahrt, überwunden und erhöht. So wird der mental-rationale Verstand dieser Ebene nicht gemindert, sondern in der integralen Intelligenz in gewandelter Form erhalten.[150] Der Ursprung ist jetzt mögliche bewusste Gegenwart. Anstelle des dogmatisch-dualistisch gefassten Gottes der mentalen Stufe tritt – mit einer schon bei Meister Eckhart anklingenden Wendung – die Gottheit. Die integrale Epoche ist, sozial gesehen, global auf die Menschheit bezogen.

Nach meiner vereinfachenden Darstellung des Gebserschen Modells ist zu fragen, was es für die Klärung des Bewusstseinsbegriffs im Rahmen der Kontemplation beizutragen hat:
Gebser ging aus von einer Analyse der *abendländischen* Bewusstseinsgeschichte. Er nahm an, dass der okzidentale Weg zum integralen Bewusstsein anders verlaufen sei als in den übrigen Erdteilen. Das Christentum habe bei diesem Weg wahrscheinlich eine nicht unwesentliche Rolle gespielt. Und doch bleibt er nicht bei einer solchen Eurozentrik stehen. Bewusst unternimmt er Anfang der 60-er Jahre Reisen

nach Asien sowie nach Süd- und Nordamerika. Seine Eindrücke von Asien hat er in seinem 1968 erschienenen Büchlein „Asien lächelt anders" (später auch unter dem Titel „Asienfibel") festgehalten. Obwohl er erhebliche Unterschiede im Menschenbild europäischer und asiatischer Völker nicht verschweigt, bezeichnet er darin[151] Asien als Ergänzung Europas. Er beruft sich dabei auf das Wort Goethes: „Orient und Okzident sind nicht mehr zu trennen." Was Gebser mit der aperspektivischen bzw. integralen Bewusstseinsstruktur andeutet, ist wahrscheinlich eine Aufgabe für ein Zeitalter. Sie bedarf zu ihrer vollen spirituellen Verwirklichung und Manifestation auf der Erde bzw. in der Menschheit katalysierender meditativer Methoden. Solche Übungen wurden in den kontemplativen Traditionen des Westens und besonders des Ostens entwickelt und müssen daraufhin befragt werden, ob sie ein geglücktes ganzheitsorientiertes Menschenbild heute fördern können.

Gebsers mit Sorgfalt und Feingefühl gezeichnetes Modell der Bewusstseinsgeschichte kann Anregungen geben, Entwicklungsaspekte in der eigenen Persönlichkeit und Kultur, aber auch der fremder Menschen und Zivilisationen deutlicher zu verstehen. Bei allen Impulsen von Gebser bleibt es Aufgabe, jene von ihm schematisch herausgearbeiteten Strukturen in freier Auseinandersetzung weiter zu klären. Auch die wissenschaftliche und philosophische kulturanthropologische Forschung hat hier ein unabsehbares Betätigungsfeld.

Sein Modell kann helfen, jenseits moderner oder postmoderner Zersplitterungen sowie Sackgassen eines defizient allzu rationalistischen Bewusstseins einen multidimensionalen integralen Horizont des menschlichen Bewusstseins offenzuhalten, der weder einen heillosen Bruch mit der Geschichte erzeugt, noch zu Regressionen ins Vergangene verführt. Abschließend sollen hier im Sinne des Symposiumsthemas noch einige wenige Zitate[152] von Gebser zum Verhältnis von „Praeligio" (radikal einer im Sinne des neuen integralen Bewusstseins verstandenen Spiritualität) und (eher mental-rationaler, dogmatischer Offenbarungs-) Religion wiedergegeben werden:

"Und es sei schon jetzt hinzugefügt, dass die Präligio weder eine Religionsfeindlichkeit noch einen Religionsersatz darstellt; die präligiöse aperspektivische Welt kann des Religiösen[153] so wenig entraten, wie die religiöse Welt der ‚relegio'[154] oder deren magischer Vorform, der ‚proligio', entraten kann. Die Präligio drückt lediglich die aperspektivische Form der ‚Religion' aus; sie integriert die archaische Präsenz, sie ist gegenwärtigend und nicht zukünftig oder rückwärtigend; aber die Religion bildet ihre unabdingbare Mitgrundlage." (GW II, 222)

"Gegenwärtigung ist ‚mehr' als bloße Rückbindung: Gegenwärtigung ist auch Hereinnahme des Zukünftigen. Insofern Gegenwärtigung sowohl präsente Vergangenheit als präsente Zukunft integriert, ist die Bindung für diese integrale Struktur die ‚Präligio'. Diese Präligio schließt alle Befangenheiten aus; sie ist ohne Erwartung, ohne Hoffnung auf etwas – denn alles zu Erhoffende ist latent in uns und wird durch die Präligio realisiert; (..., GW II, 371)"

"Transparenz, der Diaphanität der Welt, wird wahrnehmbar. Der lautere Einbruch des Jenseitigen ins Diesseitige, des Todes im Leben, des Transzendenten im Immanenten, des Göttlichen im Menschen wird transparent. Die Menschwerdung Gottes ist nicht vergeblich gewesen. Die zur Präligio intensivierte Religion – damit soll, ohne Anspruch auf eine theologische Formulierung, die tiefe Christlichkeit der integralen Bewusstseinsstruktur umschrieben sein – ist Gegenwärtigung des Ursprungs, Anerkennung der Schöpfung und des Schöpferischen, Einordnung des Lebens als einer der zahlreichen sinnvollen Offenbarungsformen des Ganzen. Diese neu sich bildende Bewusstseinsstruktur wird den letzten und tiefsten Gegensatz rationaler Art aufdecken und überwinden, jenen von Glauben und Wissen, von Religion und Wissenschaft, ... weil Antithesen dieser Art mit der neuen Bewusstseinsstruktur unvereinbar sind." (GW III, 672)

Literatur zum Anhang

- Bonet, Elfriede Maria: Bewusstseinsentwicklung und magisches Denken. In: Guttmann, Giselher. Langer, Gerhard (Hg.): Bewusstsein – Multidimensionale Entwürfe. Wien: Springer, 1992, 331-353.
- Bultmann, Rudolf; Jaspers, Karl: Die Frage der Entmythologisierung. München: Piper, 1954.
- Dörner, Dietrich; Kreuzig, Heinz W.; Reither, Franz: Lohausen: Vom Umgang mit Komplexität. Bern 1983.
- Ders.: Die Logik des Misslingens. Reinbek 1989.
- Enomiya-Lassalle, Hugo-Makibi: Wohin geht der Mensch? Aurum Verlag, Freiburg, 1981, 2. Aufl. 1988 (Der Titel wurde später vom Herder-Verlag geändert: „Am Morgen einer besseren Welt", wohl nicht im Sinne Gebsers, der dieses Neue keineswegs schon als „besser" bezeichnet.)
- Gebser, Jean: Asien lächelt anders. (1968) In Band VI der Gesamtausgabe bei Novalis, 1976f. Später auch unter dem Titel Asienfibel. Gebser, Jean: Asien lächelt anders. In: Jean Gebser Gesamtausgabe. Bd. VI. Schaffhausen: Novalis, 1977.
- Ders.: Ursprung und Gegenwart. Stuttgart: Deutsche Verlagsanstalt, 1966/1971 (1. Aufl. 1949ff, bzw. im Rahmen der Gesamtausgabe: Schaffhausen: Novalis, 1977/1999).
- Ders.: Zur Geschichte der Vorstellungen von Geist und Seele. In: Jean Gebser Gesamtausgabe Bd. V/1. Schaffhausen: Novalis, 1976, S. 7-100.
- Hellbusch, Kai: Das integrale Bewusstsein – Jean Gebsers Konzeption der Bewusstseinsentfaltung als prima philosophia unserer Zeit. Berlin: Tenea, 2003.
- Hoffman, Kurt (Hg.): Die Wirklichkeit des Mythos. Hrsg. u. eingel. v. Kurt Hoffman. Zehn Vorträge. München: Droemer Knaur, 1965.
- Jaspers, Karl: Der philosophische Glaube. München: Piper, 1981 (1. Aufl. 1948).
- Ders.; Bultmann, Rudolf: Die Frage nach der Entmythologisierung. München: Piper, 1954. s.o.

- Ders.: Philosophie. Bd. I: Weltorientierung; Bd. II: Existenzerhellung; Bd. III: Metaphysik. Berlin: Springer, 1973b (1. Aufl. 1932).
- Liebrucks, Bruno: Sprache und Bewusstsein. Bde. III (1966), V (1970) u. VI.1-6.3 (1974) zu Hegel; Bd. VII: Teil 1. Mythos u. Logos, Teil 2: Bewusstseinsstufen im Werk Friedrich Hölderlins (1979). Frankfurt/M.: Peter Lang, 1969ff.
- Lützeler, Heinrich: Weltgeschichte der Kunst. Mit 979 Abbildungen im Text u. auf 48 farbigen und 272 einfarbigen Tafeln. Gütersloh: Bertelsmann Verlag, 1959ff.
- Ornstein, Robert: Evolution des Bewusstseins – Ursprünge und Perspektiven. Freiburg/Br.: VAK, 1996.
- Quincey, Christian de: The Promise of Integralism. – A Critical Appreciation of Ken Wilber's Integral Psychology. In: Journal of Consciousness Studies, 7, No. 11-12 (2000), 177-208.
- Weis, Hans-Willi: Ken Wilbers transpersonale Systemspekulation – Eine kritische Auseinandersetzung. In: Belschner, Wilfried; Galuska, Joachim; Walach, Harald; Zundel, Edith: Transpersonale Forschung im Kontext. Oldenburg: BIS, 2002.

Anmerkungen

[1] 1903-1969. Siehe z.B. Adorno, Jargon der Eigentlichkeit. Zur deutschen Ideologie. Frankfurt a. Main 1964.
[2] 1770-1830.
[3] 1930-2004.
[4] Vgl. z.B. Historisches Wörterbuch der Philosophie, „Ganzes/Teil", hg. J. Ritter u.a.
[5] Vgl. schon mit Blick auf die Naturwissenschaft den Ausspruch Goethes: „Ein Jahrhundert, das sich bloß auf die Analyse verlegt und sich vor der Synthese gleichsam fürchtet, ist nicht auf dem rechten Wege; denn nur beide zusammen machen … das Leben in der Wissenschaft." (Zur Naturwissenschaft, Analyse und Synthese). Vgl. ferner: engl. whole, „ganz" verwandt mit deutsch „heil".
[6] Vgl. mit den nötigen Abwandlungen: Gloy 1995 bzw. 1996.
[7] Vgl. Gloy 1995, S. 48ff.
[8] Nach: Max Scheler: Der Formalismus in der Ethik und die materiale Wertethik – mit besonderer Berücksichtigung der Ethik I. Kants. 1913.
[9] 1548-1600.
[10] 1646-1716.
[11] Z.B. Friedrich Wilhelm J. Schelling (1775-1854), Novalis (1772-1801) und Friedrich Hölderlin (1770-1843). Zum Ganzen siehe: Gloy 1996, II. u. III. Teil.
[12] Folgende Zitate sind entnommen aus dem Historischen Wörterbuch der Philosophie, „Holismus".
[13] 1872-1950.
[14] 1884-1976.
[15] 1887-1967. Quelle der beiden Zitate: Historisches Wörterbuch der Philosophie, „Mystik", [45] - [47].
[16] Vgl. dazu z.B.: Colsman 2013, Teil II, Kap. 1.3.4e.
[17] Zum Überblick vgl. z.B.: Ruh 1990ff; McGinn 1994ff.
[18] 1702-1782. Zum Folgenden siehe sein Biblisches und Emblematisches Wörterbuch, 1776, S 407.
[19] Auf eine theologische – etwa paulinische – Auslegung dieses Satzes kann ich im Rahmen dieses Vortrages nicht eingehen.
[20] Vgl. z.B.: Hugh Bowden: Mystery Cults of the Ancient World. Princeton: Univ. Press, 2010.
[21] Vgl. z.B.: Schaya, Leo: Ursprung und Ziel des Menschen im Lichte der Kabbala: Weilheim/Obb., 1972; Mayer, Johann: Die Kabbalah: Einführung, Klassische Texte, Erläuterungen. München: Beck, 1995; ferner die Arbeiten des großen Kabbala-Forschers Gershom Sholem.
[22] 1901-1978.
[23] 1905-1973.
[24] Vgl. Andreas Schönfeld: Meister Eckhart – Geistliche Übungen, 2002, S. 194-205.
[25] Fast alle der hier zusammengestellten Übungen werden ausführlich beschrieben und durch Abbildungen veranschaulicht in: Johannes Soth: Lernfeld: Persönlichkeit – Körperorientierte Entspannungs- und Konzentrations-Schulung. Göttingen: Vandenhoeck u. Ruprecht, 2014.
[26] Elija da Vidas, Sefer Reshit Hokhmah. Sha'ar ha'Ahava, Abschnitt IV, hg. Chayyim Waldman, Bd. 1, Jerusalem 2000, S. 342f. Übers. Elke Morlok.

[27] Sefer haGilgulim, Haqdama (Einleitung) 15, Frankfurt am Main 1684, S. 4.
[28] Jonathan Garb, Shamanic Trance in Modern Kabbalah, Chicago und London 2011.
[29] Martin Buber, Drei Reden über das Judentum, Frankfurt am Main 1920, S. 77.
[30] Franz Rosenzweig, Der Stern der Erlösung, Frankfurt am Main, 1988, S. 455 f.
[31] Leo Baeck, Das Wesen des Judentums, Wiesbaden 51991, S. 282 f.
[32] Meister Eckhart wird zitiert: Meister Eckhart, Die deutschen und lateinischen Werke, hg. im Auftrage der Deutschen Forschungsgemeinschaft, Stuttgart 1936 ff. (DW bzw. LW); Meister Eckhart, Deutsche Mystiker des vierzehnten Jahrhunderts, Bd. 2, hg. von Franz Pfeiffer, Göttingen 19244, (Pf.); Meister Eckehart, Deutsche Predigten und Traktate, hg. und übersetzt von Josef Quint 19774, (DPT); Meister Eckhart, Werke I und II, herausgegeben und kommentiert von Niklaus Largier, Frankfurt/Main 1993, (EW I, EW II).
[33] Hermann Kunisch, Offenbarung und Gehorsam, Versuch über Eckharts religiöse Persönlichkeit, in: U. Nix/ R. Öchslin (Hg.), Meister Eckhart der Prediger, Freiburg/Basel/Wien 1960, 120f.
[34] Dieser Beitrag wurde hier nach Rücksprache mit dem Autor und nach Einholung der Druckerlaubnis seitens des Inselverlags wiedergegeben aus: H.J. Simm (Hg.): Die Religionen der Welt. Ein Almanach zur Eröffnung des Verlags der Weltreligionen. Frankfurt am Main und Leipzig: Verlag der Weltreligionen im Insel Verlag, 2. Aufl., 2007, S. 217-239.
[35] Der Begriff „Mystik" bezeichnet im Folgenden einerseits einen Bereich spezifischer Bewusstseinserfahrungen, andererseits die Mittel, Wege und traditionsgeschichtlichen Komplexe, die zu derartigen Erfahrungen führen können. Vgl. dazu M. v. Brück: „Mystische Erfahrung, religiöse Tradition und die Wahrheitsfrage" In: R. Bernhardt (Hg.), Horizontüberschreitung. Die Pluralistische Theologie der Religionen, Gütersloh 1995, S. 81-103.
[36] Vgl. W. Halbfass, India and Europe. An Essay in Understanding, Albany 1988.
[37] Vgl. meinen Artikel: „Tantra/Tantrismus", in: H. Waldenfels (Hg.), Lexikon der Religionen, Freiburg 1987, S. 630-635.
[38] S. Kramrisch, „Shiva", in: Encyclopedia of Religions (Hg. M. Eliade), Bd. 13, New York/London 1987, S. 339.
[39] J. Gonda, Vishnuism and Shivaism, London 1970; A. K. Ramanujan, Speaking of Shiva, Harmondsworth 1973; S. Kramrisch, The Presence of Shiva, Princeton 1981; W. D. O'Flaherty, Shiva, The Erotic Ascetic, London 1981.
[40] Die Āgamas stellen die Literatur aller mythischen Überlieferungen (meist tantrisch geprägt) von Shiva und seiner als Gefährtin personifizierten Kraft (Shakti) dar. Die Tradition ordnet die Begriffe für die Literatur-Sammlungen den Hauptströmungen des Hinduismus so zu: die Shivaiten sprechen von Āgamas, die Vishnuiten von Shamhitas, die Shaktas von Tantras, wobei es aber Überschneidungen gibt. Die shivaitischen Āgamas gelten als älteste Gruppe, deren systematisierte literarische Gestalt wohl bis ins 6. Jh. n. Chr. zurückreicht. Vgl. J. Gonda, Medieval Religious Literature in Sanskrit, Wiesbaden 1977, S. 163 ff. Die Purāṇas („alte Geschichten") sind in Versform geschriebene shivaitische, vishnuitische und brahmaitische Legendensammlungen der betreffenden Götter. Man zählt 18 klassische Purāṇas, die zwischen dem 6. und 13. Jh. n. Chr. entstanden sind.
[41] Die Einflüsse aus der Induskultur, die Rede vom „Herrn der Tiere", die Mondsichel auf der Stirn des Gottes (wohl abgeleitet aus Büffelhörnern, die der Gott ursprünglich trug) usw. finden sich noch nicht beim vedischen Rudra, sondern erst bei Shiva, weshalb man volksreligiöse Substrate bei der Bildung des Groß-Gottes Shiva annehmen kann. Vgl. U. Schneider, Einführung in den Hinduismus, Darmstadt 1989, S. 144.

[42] K. G. Pandey, Abhinavagupta. An Historical and Philosophical Study, Varanasi 21963; L. N. Sharma, Kashmir Shaivism, Varanasi 1972; B. N. Pandit, Apects of Kashmir Shaivism, Srinagar 1977; P. E. Murphy, Triadic Mysticism. The Mystical Theology of the Shaivism of Kashmir, Varanasi 1986. Neuerdings: E. Fürlinger, Verstehen durch Berühren. Interreligiöse Hermeneutik am Beispiel des nichtdualistischen Shivaismus von Kaschmir, Innsbruck 2006. Für eine Sammlung von Texten mit vorzüglicher Kommentierung durch die Herausgeberin vgl. B. Bäumer (Hg.), Abhinavagupta. Wege ins Licht. Texte des tantrischen Shivaismus aus Kaschmir, Zürich 1992.

[43] M. von Brück, Einheit der Wirklichkeit. Gott, Gottesehrung und Meditation im hinduistisch-christlichen Dialog, München 21987.

[44] Trika bedeutet Dreiheit, und der Begriff ist verschieden gedeutet worden. Er kann die drei Triaden der Grundkräfte der Wirklichkeit auf verschiedenen Subtilitätsebenen bezeichnen, nämlich para (Shiva, seine Energie, ihre Einheit), apara (Shiva, seine Energie, der Mensch), und parāpara (alle Kräfte zusammen); ferner die drei Möglichkeiten der Beziehung zwischen dem Absoluten und dem Relativen, nämlich Identität (abheda), Identität in Differenz (bhedābheda) und Dualität (bheda); außerdem die Triade monistischer Āgamas usw. Vgl. Pandey, S. 294 f.

[45] Somānanda, Shivadrishṭi 7, 20 f.

[46] Somānanda, Shivadrishṭi 7,12-14.

[47] Abhinavagupta, Tantrāloka, 2,24-28.

[48] Somānanda, Shivadrishṭi,1,24. Dass hier Anleihen bei der buddhistischen Philosophie, v.a. der Yogācāra-Schule, vorgenommen wurden, ist offensichtlich.

[49] Jaideva Singh (Hg.), Spanda Kārikā, Delhi/Varanasi 1980.

[50] Abhinavagupta, Tantrāloka, 4,182 f.

[51] Utpaladeva, Īshvarapratyabhjñā, 1,5 -10

[52] Svacchandatantra, 1,3, und Abhinavagupta, Mālinivijaya Vārtika 1,238; vgl. B. N. Pandit, S. 171.

[53] P. E. Murphy, S. 25.

[54] Dieser Begriff ist mit dem griechischen Wort gnosis urverwandt.

[55] Vgl. A. Padoux, Art. Pratyabhijñā in: Encyclopedia of Religion, Bd. 53, S. 57 f.

[56] Somānanda, Shivadrishṭi, 1,8-11, zit. bei Murphy, S. 49.

[57] Die Bedeutung der personalen Hingabe an Gott (bhakti) im Erkenntnispfad der tantrischen Traditionen hat besonders hervorgehoben: K. Mishra, Significance of Tantric Tradition, Varanasi 1981, S. 36 f.

[58] Abhinavagupta, Tantrāloka 8,173

[59] Vgl. B. Bäumer, S. 61.

[60] Vgl. dazu Swami Tejomayananda, Introduction to Kashmir Shaivism, Ganeshpuri 1979, S. 52 f.

[61] Abhinavagupta, Tantrāloka 1,40 ff.; vgl. Bäumer, S. 63 f.

[62] Abhinavagupta, Tantrāloka 2,4 f; zit. bei Bäumer, S. 73.

[63] Abhinavagupta, Tantrasāra, S.10.

[64] M. v. Brück, Bhagavad Gītā (übersetzt, eingeleitet und erläutert von M. v. Brück, mit einem spirituellen Kommentar von Bede Griffiths), München 1993, S.7 ff.

[65] Bhagavad Gītā, 13, S. 27 f.

[66] G. V Tagare, The Bhāgavata Purāṇa, 10 Bde., Delhi 1978; vgl. A. Gail, Bhakti im Bhāgavatapurāṇa, Wiesbaden 1969.

[67] Bhāgavata Purāṇa 7,23 f.; vgl. Gail, 39.

[68] Caṇḍīdāsa ist auf jeden Fall vor Caitanya und vermutlich vor Jayadeva's Gītagovinda zu datieren, genauere Daten sind schwierig mit Sicherheit anzugeben.Vgl. M.H. Baṛu Caṇḍīdāsa, Singing the Glory of Lord Krishna (The Shrīkrishnakīrtana), Chico, 1984.

[69] Shrīkrishnakīrtana, Danakhanda, bes. die Lieder 101 ff, a.a.O., S. 112 ff.

[70] S. Kumar De, Early History of Vishnava Faith and Movement in Bengal, Calcutta 21961; W. Eidlitz, Krishna-Caitanya. Sein Leben und seine Lehre, Stockholm 1968; A. K. Majumdar, Caitanya. His Life and Doctrine, Bombay 1969.

[71] Bhāgavata Purāṇa 11,2, S. 45 f.

[72] Gail, 5.41 f. Die Zählung der Stufen ist nicht einheitlich, auch im Bhāgavata Purāṇa finden sich unterschiedliche Klassifikationen und in der shivaitischen Literatur ohnehin.

[73] Jayadeva, Gītagovinda. Lore Song of the Dark Lord (Hg. und Übersetzerin B. Stoler Miller), New York 1977.

[74] Gītagovinda 5,7.

[75] Gītagovinda 9,2.K. G.

[76] K. G. Varadacharī, Ālvārs of South India, Bombay 1966, S. 112 ff.

[77] A. K. Majumdar, Caitanya, 277.

[78] Saundaryalaharī, 17 u. 22; V. K. Subramaniam (Hg.), Saundaryalaharī of Shaṅkaracārya, Delhi 1977.

[79] Devīmāhātmya 5, 14 ff.; Swami Jagadiswarananda (Hg.), Devi Māhātmyam, Madras 1953.

[80] Devīmahātmya 5, 9.

[81] Als Vedānta bezeichnet man die Literatur, die in den Sammlungen am Ende der Vedas steht, vor allem die Upanishaden, die in der Zeit von ca. 800 v. Chr. bis 200 n. Chr. entstanden sind. Die klassische Zeit dieser Literaturen liegt in der Mitte des ersten vorchristlichen Jahrtausends; in dieser Zeit lebte auch der Buddha (ca. 560-480v. Chr. bzw. 100 Jahre später, Red.). Später zählte man zur vedāntischen Literatur noch die Brahma-Sūtras des Badarāyana (ca. 4. Jh. n. Chr.) und die im Mahābhārata enthaltene Bhagavad Gītā hinzu. Die vedāntischen Schriften haben drei klassische Interpretationen erfahren, nämlich die nicht-dualistische (Advaita Vedānta, Hauptvertreter ist Shaṅkara etwa 800 n. Chr.), die modifiziert nicht-dualistische (vishishtādvaita, Hauptvertreter ist Rāmānuja, etwa 1055-1137) und die dualistische (dvaita, Hauptvertreter ist Madhva, 1199-1278). Die drei genannten hauptsächlichen Philosophen stammten alle aus Südindien.

[82] Für eine umfassende Diskussion des Verhältnisses der zwei Betrachtungsweisen vgl. T. P. Ramachandran, The Concept of the Vyāvahārika in Advaita Vedānta, Madras 21980.

[83] „fluktuieren" wurde durch „oszillieren" ersetzt. (Red.)

[84] P. D. Devanandan, The Concept of Māyā, London 1950; A. K. R. Chaudhuri, The Doctrine of Māyā, Calcutta ²1950.

[85] Damit wird māyā zum Inbegriff des Nicht-Intelligiblen schlechthin. Vgl. T M. P. Mahadevan, The Philosophy of Advaita, New Delhi 41976, S. 227 ff.; die Unterscheidung von Schöpferkraft (māyā) und illusorischer Wahrnehmung (avidyā) findet sich konsequent erst im späteren Advaita, noch nicht bei Shaṅkara; vgl. N. Isayeva, Shaṅkara and Indian Philosopy, Albany 1993, S. 164.

[86] Der Abschnitt bis zum vorangehenden Gedankenstrich wurde von der Lektorin Fr. Krey leicht formal verbessert. (Red.)

[87] Statt: unrealen. (Red.)

⁸⁸ M. v. Brück, Einheit der Wirklichkeit, S. 37.
⁸⁹ Bisweilen – ironisch – mit dem Schöpfergott identifiziert, der einem Zustand der ersten feinkörperlich-formhaften bzw. – in der Fünfereinteilung des Abhidhamma – zweiten Versenkungsstufe entspricht. Näheres, auch zur folgenden Anm. vgl. Colsman 2015, 237ff bzw. Teil III.
⁹⁰ Dies entsprechend den Brahmagottheiten ab der zweiten – bzw. im Abhidhamma dritten – Versenkungsstufe, vor allem aber den unkörperlich-formhaften Sphären unendlichen Raums, Bewusstseins sowie der Nichtirgendetwasheit.
⁹¹ Wörtl. eigentlich: „(spirituelles) Erwachen".
⁹² Vgl. z.B.: A IV 21/ II 20f sowie S 6, 2 (Anm. 2 der dt. Übersetzung)/I 139f.
⁹³ Meister Eckhart würde cum grano salis von „univoker" Beziehung z.B. zwischen Gerechtigkeit und Gerechtem sprechen. Vgl. dazu: Mojsisch 1963.
⁹⁴ So im Abendland etwa bei Pseudo-Dionysius Areopagita. Bei Buddha (z.B. M 1, 23f/I 3) wird jegliches Denken des Einen (vgl. mit den nötigen Abwandlungen das (neu-)platonische und christliche „Denken des Einen" [Beiwaltes]) und Vielen noch dialektisch transzendiert.
⁹⁵ Das sind jene Heilsucher vom Typus des „Vertrauensergebenen" bzw. „Vertrauenserlösten". Z.T. gibt es später im Großen Fahrzeug auch buddhistische Schulen, wie die chinesische bzw. japanische Reine-Land-Richtung, nach denen das Heil allein aufgrund von Glauben und Gnade verwirklicht wird.
⁹⁶ Govinda 1980, S. 11. Sic! „durch" wurde aus grammatischen Gründen im Text durch „aufgrund" ersetzt und ein fehlendes Verb in eckigen Klammern beigefügt.
⁹⁷ Die im Folgenden auch kurz angedeuteten Ausführungen zum Menschenbild (v.a. frühen) Buddhismus werden in weiteren Abschnitten dieses Beitrags vertieft.
⁹⁸ Luther versuchte, ausgehend von der Bibel, für die Weltschöpfung das Jahr 3960 anzusetzen (vgl. v. Glasenapp 1963. S. 275ff); immer wieder gab es im Okzident Zeiten, in denen das Weltende erwartet wurde.
⁹⁹ Vgl. z.B.: Kloetzli 1983/97; Jamgön Kongtrul Lodrö Tayé 1995; Sadakata 1997.
¹⁰⁰ Näheres s. Colsman 2015, S. 337ff.
¹⁰¹ D.h. feinkörperlich-formhafte.
¹⁰² D.h. wie sie z.B. bei der kontemplativen Versenkung in die Unendlichkeit des Raums und des Bewusstseins sowie die Nichtirgendetwasheit erfahren werden.
¹⁰³ Die sinnenhafte (kāma), feinkörperlich-formhafte (rūpa) und unkörperlich-formfreie (ārūpya) Welt.
¹⁰⁴ sambodhi, anta, asaṃkhata, khema, sacca: siehe unter den 33 Bezeichnungen für das Unbedingte in S 43, 13-44/IV 369-373. Philosophisch gesehen, sprach Karl Jaspers von Signa der Existenz bzw. Chiffren der Transzendenz.
¹⁰⁵ Vgl. A I, 25/I 28 sowie D 14, 1,4/II 4.
¹⁰⁶ Vgl. Colsman 2015, S. 296ff.
¹⁰⁷ D.h. Glaube/Vertrauen und weisheitliche Erkenntnis, Tatkraft und Sammlung sowie Vergegenwärtigung (Achtsamkeit), die den Ausgleich steuert. Näheres vgl. Colsman 2015, S. 314ff u. 302f (Anm. 91).
¹⁰⁸ Zur Frage, ob die Heilkunde das im Folgenden genannte Vierschritte-Schema von Buddha oder ob umgekehrt Gautama dies von der Heilkunde übernommen hat, siehe: Wetzler 1984.
¹⁰⁹ Das ist eine volksetymologische Deutung. Die Frage, ob und wie Duḥkha überwindbar sei, wurde auch von anderen zeitgenössischen Schulvertretern, wie den Jainas, diskutiert.

[110] Vgl. hierzu: Zin u. Schlingloff 2007.
[111] Zum Folgenden vgl. z.B. D 22, 18/II 305ff.
[112] D.h. auf der Skala angenehm (sukha), neutral und unangenehm (duḥkha).
[113] Betrifft die Merk-, Wahrnehmungs- und (äußere) Vorstellungswelt.
[114] Z.B. Konditionierungen, Gewohnheiten Instinkte, Affekte.
[115] Das sind z.B.: (innere) Vorstellungs-, Denk- und (karmisch aktive) Willenstätigkeiten; auf höherer Ebene der Versenkung bzw. entsprechender übermenschlicher Existenz auch subtile oder sehr subtile seelisch-geistige Bildekräfte, die gleichwohl noch bedingter, „weltlicher" Art sind.
[116] Zur komplexen Problematik bei der Übersetzung des indisch-buddhistischen Ausdrucks „vijñāna" mit „Bewusstsein" siehe Colsman 2015, S. 17f u. sonst. Kurz sei hier dazu nur angedeutet, dass in diesem Zusammenhang „Bewusstsein" (vijñāna) bei aller mentalen Geistigkeit und Aktualität – es wird manchmal auch mit „geistiger Aufmerksamkeit" (manasikāra) gleichbedeutend gebraucht (vgl. M 22, 15 bzw. A XI, 9/V 321f) – in einer Spannung zu potentiellen oder latenten Tiefenaspekten steht. So nehmen z.B. einige Vertreter der Sautrāntika-Richtung ein grundlegendes subtiles Geistbewusstsein an, das auch im (Tief-) Schlaf oder über die Existenzen hinweg kontinuierlich besteht. Oder gewisse Yogâcārins behaupten die Existenz eines fundamentalen subliminalen (unterschwelligen) Speicherbewusstseins (ālaya-vijñāna). Und auch die Scholastik des Theravāda-Abhidhamma kennt eine latente Bewusstseinsströmung, d.h. ein, das Dasein gliedhaft zu einer Kontinuität verbindendes Bewusstsein („Seelisch-Geistiges)" (bhavaṅga-sota bzw. -citta).
[117] Vgl.: Langer 2001.
[118] viññāṇaṭṭhiti (vgl. D 33, 18/III 128 u. – ausführlicher – S 22, 53ff /III 53.
[119] Govinda 1980, S.189. Einschub in eckigen Klammern v. Verf., M.C.
[120] Ud VI, 4.
[121] Vgl. Colsman 2015, S. 300-311. Die direkte Schau der Vier edlen Wahrheiten auf der „Wegetappe des Sehens" (darśana-mārga) ist nach der frühbuddhistischen Schule der Sarvâstivādins zugleich die Grundlage für die „vervollkommnende Anschauung" (samyag-dṛṣṭi) als erstes Glied des edlen achtfältigen Pfads auf der „Wegetappe spiritueller Verwirklichung" (bhāvanā-mārga).
[122] Traditionell richtet sich diese achtsame Bewusstseinsschulung auf Leib und Sinne, Gefühlsempfindungen, die seelisch-geistige Verfassung sowie heilsrelevante Lehrinhalte.
[123] Ausführlich dazu s. z.B.: Colsman 2015, Teil III.
[124] Im Altertum, etwa bei Plato, war Metaphysik in Anlehnung an die Mysterien der Sache nach „Lehre von der Schau", Epoptie.
[125] Vgl. dazu: Bollnow 1978.
[126] Vgl. Colsman 2015, S. 362, Abb., re. Spalte.
[127] Aus: Colsman 2015, S. 376. Anmerkungen sind weggelassen.
[128] Dieser Begriff wird allerdings in gewissen Richtungen des Mahāyāna, wie z.B. im Zen, unpräzise für ein ziemlich ungeschichtliches Verständnis von Vollkommenheit gebraucht.
[129] A III, 66f/I 188-197.
[130] Eine zusammenfassende Darstellung dieser Lehre findet sich z.B. in: Colsman 2015, S. 406-415.
[131] V.a. die ersten vier bis sechs Vollkommenheiten (pāramitā) weisen, was das Menschenbild

betrifft, eine gewisse Ähnlichkeit zur Ethik Nasir ad-Din at-Tusis (1201-1274) in seinem Hauptwerk Aklaq-i-Nasiri auf, in dem die platonischen bzw. aristotelischen drei Kardinaltugenden jeweils erweitert bzw. unterteilt erscheinen. Die nach unten bzw. zu den Begierden (Bauch …) hin mäßigend wirkende Tugend der Beherrschtheit wird dabei um die Gebefreudigkeit ergänzt; die Tapferkeit (Brust) schließt Tatkraft (im Guten) und geduldige Standhaftigkeit ein; die Weisheit findet sich ergänzt durch die Kunst der meditativen Sammlung.

[132] Tathāgata-garbha, oft – etwas missverständlich – mit „Buddhanatur" wiedergegeben.

[133] Eine ausführlichere Darstellung mit weiterführenderer Literatur findet sich z.B. in Colsman 2015, S. 252-263.

[134] Vgl. dazu: Govinda 2007. Zu Sinn und Problematik der Integration des sog. Kosmischen Bewusstseins bei der spirituellen Verwirklichung, vgl. Colsman 2015, S. 81-94.

[135] Im hinduistischen Tantra, das z.T. in der Auseinandersetzung mit dem Buddhismus entstand, gilt umgekehrt als das oberste Gegensatzpaar, das vereint werden soll, die schöpferische Kraft bzw. Natur (Śakti, weiblich gedeutet) und die als männlich interpretierte rezeptiv erfassbare geistige Welt (d.h. Śiva).

[136] Vgl. dazu z.B. den Anhang sowie Colsman 2015, S. 260ff.

[137] Der Text ist – mit einigen Modifikationen – entnommen: Colsman 2011, S. 48-53. In Sachen eines integrativen Verständnisses von Religion wurden am Ende einige Zitate von Gebser nach dem Symposiumsvortrag von Prof. Gottwald angefügt, der, wie in der Einführung erwähnt, in der Homepage der Ev. Stadtakademie Bochum als PDF-Datei oder im Originalton zugänglich ist.

[138] Vgl. Dörner et al. 1983 u. Dörner 1989.

[139] Ansätze für ein neues ganzheitsorientiertes Bewusstsein bei Teilhard de Chardin (vgl. Enomiya-Lassalle 1981. S. 116-126) berücksichtige ich nicht. Ferner soll Ken Wilber (vgl. z.B. Wilber 1997), der u.a. Sri Aurobindo, den Mahāyāna-Buddhismus, J. Gebser – sie in manchem missinterpretierend – in seiner Sicht des „integralen Bewusstseins" verarbeitet hat, hier nicht diskutiert werden. Eine Kritik seines Ansatzes findet sich z.B. bei Weis 2002 (S. 101-114), wo auch eine Replik Wilbers (S. 115-136) beigegeben ist, oder bei de Quincey 2000.

[140] Zu Gebsers Begriff vom „Bewusstsein" vgl.: Gebser 1966, S. 223-225. Ergänzend und differenzierend zum kulturanthropologischen, etwas schematischen Modell Gebsers kann z.B. das Werk Heinrich Lützelers (1959ff) zur globalen Kunstgeschichte herangezogen werden.

[141] Die folgende Darstellung des Gebserschen Modells beruht teilweise auf einem Manuskript zu einem Vortrag an der evangelischen Stadtakademie Bochum am 15.9.2008 und wurde weitgehend mit Prof. em. Dr. Günter Blecks (Kunstakademie Düsseldorf) durchgesprochen, der Gebser viele Jahrzehnte persönlich gekannt hat. Vgl. auch die monographische Studie zu Gebsers Sicht des Integralen Bewusstseins: Hellbusch 2003. – B. Liebrucks will über Gebser hinausgehen, insofern er das bei Gebser als „mental" qualifizierte „begriffliche" Philosophieren mit Blick auf Hölderlin in seinem Werk „Bewusstsein und Sprache" (1979, VII) mehr integriert.

[142] Vgl. Histor. Wtb. der Philosophie, hg. J. Ritter u.a., 1971ff: „Kulturanthropologie".

[143] Gebser 1971 (1949).

[144] Der Begriff des „Magischen" ist vieldeutig interpretierbar und insofern unklar. So will etwa Hübner (1985, S. 344-348) das Magische aus einer ursprünglichen Verschmelzung des Mythos mit dem Logos v.a. in Spätantike und Renaissance verstehen. Insofern könne – was

in gewisser Weise dem Gebserschen Modell widerspricht – der Mythos ohne Magie, aber diese nicht ohne Mythos sein. (S. 348) In den ritualistisch-soziologischen Deutungen des Mythos (S. 54ff) wird dementgegen die Meinung vertreten, der Mythos habe sich zunächst allmählich aus Ritualen, die eher magisch zu verstehen sind, entwickelt. Nach diesem Begriffsverständnis von Magie kann also der Mythos nicht ohne Magie des Kultischen und Rituellen bestehen. Gebser würde allerdings dem entgegenhalten, dass es sich bei ersterem Verständnis des Magischen um eine „definierte" Form handelt.

[145] Zum Mythos vgl. z.B. Hoffman (Hg.) 1965.

[146] Eine gewisse Widersprüchlichkeit in der Anwendung der Begriffe „bewusst" und „unbewusst" ergibt sich aus dem multidimensional verstandenen Bewusstseinsbegriff Gebsers, der auch weniger oder nicht rational Vergegenwärtigtes einschließt. Ähnlich schreibt auch Sri Aurobindo dem sog. Unbewussten ein involviertes „Bewusstsein" zu.

[147] Zur Kritik des Begriffs „unbewusst" an anderer Stelle vgl.: Gebser 1966, S. 224. – Einen originellen philosophischen Deutungsversuch des Gebserschen Ursprungs gibt Liebrucks 1979, S. 110ff.

[148] Zum magischen Denken vgl. z.B. Bonet 1992.

[149] Beispiele: in Indien Mantras für jeden Zweck; bei den Germanen Merseburger Zaubersprüche.

[150] Bei aller Wertschätzung des Mythischen (Jaspers in: Hoffman 1965, S. 53-65; Jaspers 1981, S. 107; Bultmann u. Jaspers 1954) bleibt Jaspers' philosophische Sicht des Bewusstseins im Vergleich zum kulturanthropologisch-phänomenologischen integrativen Modell von Gebser (oder zum dialektisch-„logisch"-künstlerischen Denken B. Liebrucks, 1979, VII, S. 64) mehr im Schwerpunkt des mental-geisteswissenschaftlichen Bewusstseins zentriert, insofern er (Jaspers 1973b, I, S. 11; vgl. aber S. 18 zum Mythus i.S. einer Art „Chiffre") z.B. alles vormentale Bewusstsein nur für historisch begreifbar hält. Dies gilt auch, insofern er besonders in seiner Spätphilosophie die „Vernunft" als „Band" aller „Weisen des Umgreifenden" auslegt. Es wäre eine Untersuchung wert, das integrale („logische") Bewusstsein bei Gebser (bzw. Liebrucks) und die „Vernunft" bei Jaspers gründlicher gegenüberzustellen.

[151] Gebser 1977, in: GW, Bd. VI, S. 21.

[152] Zitiert nach dem schon gennannten, in der Homepage der Ev. Stadtakademie abgedruckten oder abzuhörenden Symposiumsvortrag von Prof. Peter Gottwald, der weitere Anregungen auch im Zusammenhang mit dem Zen in Hinblick auf die neue integrale Bewusstseinsstruktur gibt.

[153] Aus lat. religare, „rückbinden".

[154] Aus lat. relegere. „wieder zusammennehmen/zusammenziehen".